ALMA
BRASILEIRA
E FOLIA DE REIS

Dados Internacionais de Catalogação na Publicação (CIP)
(Câmara Brasileira do Livro, SP, Brasil)

Oliveira, Humbertho
  Alma brasileira e folia de reis : por uma ética da irmandade / Humbertho Oliveira. – Petrópolis, RJ : Vozes, 2025. – (Coleção Reflexões Junguianas)

  Bibliografia.
  ISBN 978-85-326-7114-1

  1. Cultura popular - Brasil 2. Folia de Reis - Brasil 3. Jung, C.G. (Carl Gustav), 1875-1961 4. Psicologia analítica I. Título II. Série.

25-266811   CDD-150.1954

Índices para catálogo sistemático:
1. Psicologia analítica junguiana   150.1954
Eliane de Freitas Leite – Bibliotecária – CRB-8/8415

Humbertho Oliveira

ALMA BRASILEIRA E FOLIA DE REIS

Por uma ética da irmandade

EDITORA VOZES

Petrópolis

© 2025, Editora Vozes Ltda.
Rua Frei Luís, 100
25689-900 Petrópolis, RJ, Brasil
www.vozes.com.br

Todos os direitos reservados. Nenhuma parte desta obra poderá ser reproduzida ou transmitida por qualquer forma e/ou quaisquer meios (eletrônico ou mecânico, incluindo fotocópia e gravação) ou arquivada em qualquer sistema ou banco de dados sem permissão escrita da editora.

CONSELHO EDITORIAL

Diretor
Volney J. Berkenbrock

Editores
Aline dos Santos Carneiro
Edrian Josué Pasini
Marilac Loraine Oleniki
Welder Lancieri Marchini

Conselheiros
Elói Dionísio Piva
Francisco Morás
Teobaldo Heidemann
Thiago Alexandre Hayakawa

Secretário executivo
Leonardo A.R.T. dos Santos

PRODUÇÃO EDITORIAL

Anna Catharina Miranda
Eric Parrot
Jailson Scota
Marcelo Telles
Mirela de Oliveira
Natália França
Priscilla A.F. Alves
Rafael de Oliveira
Samuel Rezende
Verônica M. Guedes

Editoração: Piero Kanaan
Diagramação: Piero Kanaan
Revisão gráfica: Alessandra Karl
Capa: Omar Santos
Ilustração de capa: Mandala produzida por uma paciente de Jung e reproduzida por ele em *Os arquétipos e o inconsciente*, vol. 9/1 da Obra Completa. 5. ed. Petrópolis: Vozes, 2007, p. 341, nota 182.

ISBN 978-85-326-7114-1

Este livro foi composto e impresso pela Editora Vozes Ltda.

Sumário

Prefácio, 7

Apresentação, 11

Anunciação, 15

Cultura popular e psicologia analítica, 25
 Do inconsciente cultural e complexos culturais aos mitos brasileiros, 25
 Dos mitos às narrativas, 29
 Das narrativas brasileiras, 32
 Das narrativas às vivências míticas, 41

A vivência mítica das Folias de Reis, 57
 A Folia de Reis na cultura popular brasileira, 57

Ética, Folia de Reis e psicologia analítica, 72

Concluindo, 91

Referências, 103

Prefácio

No início de sua obra, Humbertho Oliveira apresenta ao leitor a primeira folia que presenciou ainda quando criança na casa de seus pais: "Embora o grupo estivesse sendo visto a partir da objetiva iluminação que saía da minha casa, lembro-me da sensação de que a luz, na verdade, vinha de fora; e, por fim, até mesmo concretamente, essa luz que vinha de fora era a luz da lua e das estrelas que nos bordava o céu naquele momento, cena que nunca tínhamos nos permitido assistir" (Oliveira, 2025, p. 12). Essa imagem recolhida por Humbertho acompanhará o leitor por toda esta obra e traz, como reminiscência de sua família, a experiência da magia dos Santos Reis.

Já durante a vida adulta, no Núcleo de Cultura Popular Céu na Terra, grupo do qual faz parte há quinze anos, Humbertho encontra sua inspiração e seu aprendizado na arte de *"jornar"*, a cada ano em busca do encontro com um vir a ser integrador, com "a experienciação de formas e expressões, evocando afetos e ações, criando recursos e potências diante do coletivo, trazendo a perspectiva do bem comum a todos, sem perda das autonomias" (Oliveira, 2014, p. 112).

Essa experiência se transformou em uma paixão que o acompanhou ao longo dos anos, levando-o também a iniciar sua investigação, por meio de caminhos acadêmicos, da relação entre as Folias de Reis como manifestações culturais e a psicologia junguiana.

No campo das manifestações culturais da alma brasileira, Humbertho visita o Saci menino, na busca de "um devir criança, [...] e do que é possível esperançar" (Oliveira, 2025, p. 32) sem renunciar ao contraditório, que traz em si a própria transformação.

E logo ali, mais adiante, o Curupira o espera para um rito de iniciação, um processo de transformação para uma nova fase, com seus "pés invertidos, os opostos, o jogo entre o que conhecemos e o que desconhecemos" (Oliveira, 2025, p. 35).

Ao mergulhar na vivência mítica do Bumba meu boi, Humbertho perpassa a relação entre corpo e psique, mediada pela dança, trazendo para a consciência a integração entre o corpo-experiência e o corpo-social. "O bumba meu boi é um festejo popular feito de histórias de branco, de ritmos de negros e de danças de indígenas", que tecem esse corpo-social levando em consideração os "contrastes da vida" pelo entrelaçamento entre o "sagrado e o profano" (Oliveira, 2025, p. 45).

Nesse trânsito, Humbertho constrói a tessitura que sustentará sua hipótese central de como as Folias de Reis, com suas músicas, danças e rituais, podem oferecer um cuidado terapêutico tanto para aqueles que participam quanto para aqueles que assistem.

> Em suas andanças, relacionam de maneira intensa o tempo passado, o presente e o futuro, criando uma jornada ritual sagrada que insiste em anunciar novas eras: imediatas, nos ganhos possíveis de saúde; ou como perspectiva, naquilo que a vida poderá vir a se tornar (Oliveira, 2025, p. 57).

Para isso, o autor recorda as raízes históricas das Folias de Reis enquanto manifestações da cultura popular brasileira e explora seus aspectos éticos e culturais como narrativa mítica. Destaca ainda como essas manifestações culturais, trazidas pelos portugueses, foram incorporadas pelos escravizados no Brasil e se tornaram uma prática significativa em diversos estados brasileiros, como Minas Gerais, São Paulo e Rio de Janeiro.

Pelas mãos de Nise da Silveira e sua *antipsiquiatria amorosa*, Humbertho foi iniciado nos estudos da psicologia analítica de Carl Gustav Jung, o qual utilizou em sua dissertação como referencial teórico para analisar a importância dos conceitos de inconsciente coletivo e de complexos culturais no processo de construções míticas e de rituais. Esses conceitos lhe permitiram "[...] pensar alguma psicomitologia em torno das manifestações míticas da cultura popular brasileira" (Oliveira, 2025, p. 17). Mais do que isso, Humbertho nos oferece uma lente inovadora para enxergar os mitos "[...] como narrativas construídas pela artesanalidade dos povos. Tudo leva a crer que é o povo, na sua experiência artesanal, que nos oferece sempre as grandes narrativas, as grandes histórias, os mitos" (Oliveira, 2025, p. 17).

Agora, a Folia de Reis compreendida como narrativa mítica da cultura popular brasileira é também analisada em seus aspectos éticos sobre a importância do cuidado e da compaixão nas práticas culturais.

Para compreender as relações éticas construídas a partir das Folias de Reis, emprega-se nesta obra, de modo muito interessante, os estudos sobre a ética das virtudes, de Christine Swanton, e as etnografias e reflexões teóricas de Carlos Brandão e Wagner Chaves, que o permitiu concluir que a prática das folias é uma forma de resistência e uma busca pela autorregulação e ressonância com outros corpos.

É possível compreender a força criadora, presente nesta obra de Humbertho, como uma função dialógica entre a academia e a cultura popular, que permite a manifestação arquetípica da comunhão na simbologia da irmandade, na medida em que o autor integra, de forma original, a ideia de *"um outro-mesmo"* à definição de si-mesmo ampliada pela ideia "do outro em si" (Oliveira, 2025, p. 70).

Irmanados pela melodia, pelo ritmo e pela harmonia dessa jornada em que Humbertho agora é mestre, e guiados pela luz das estrelas e com as bênçãos de Dona Otília, que a leitura desta obra inspire outros pesquisadores e interessados na cultura popular brasileira a explorar e valorizar como essas tradições podem oferecer percepções valiosas sobre a natureza humana e a vida coletiva.

Maria Claudia Vater
Rio de Janeiro, 14 de abril de 2025

Apresentação

Este livro vem trazer aspectos éticos e culturais das *Folias de Reis*, essas manifestações da cultura popular brasileira, tendo a psicologia analítica como ponto de partida. Utilizando as experiências pessoais nas folias, o instrumental teórico disponível, procurei apresentar como a ação das folias de reis produz cuidados naqueles que a realizam e naqueles que a acompanham. Estão aqui em consideração as visões psicológicas e éticas da psicologia analítica de Carl Gustav Jung, a ética das virtudes segundo Christine Swanton, estudiosa vinculada aos estudos bioéticos e as etnografias e reflexões teóricas trazidas por Carlos Brandão e Wagner Chaves, antropólogos que têm a questão ética como elemento importante em suas observações. Essas costuras me deram a oportunidade de contribuir com a reflexão a respeito da ação significativamente terapêutica das manifestações culturais nascidas na artesanalidade popular.

Basicamente, o livro foi composto a partir da dissertação que apresentei, como requisito parcial para obtenção do título de mestre, ao Programa de Pós-Graduação em Bioética, Ética Aplicada e Saúde Coletiva, da Universidade do Estado do Rio de Janeiro (UERJ), em regime de associação com a Universidade Federal do Rio de Janeiro (UFRJ), a Fundação Oswaldo Cruz e a

Universidade Federal Fluminense (UFF). A área de concentração é da Bioética, Ética Aplicada e Saúde Coletiva.

A dissertação teve como orientadora a Professora Claudia Vater, de quem me tornei um *devedor de folia* pela intensa presença intelectual e afetuosa ao longo das articulações de todos os seus caminhos. E teve como coorientador o professor Walter Boechat, prezadíssimo colega há décadas compartilhando comigo seus saberes e um parceiro em muitas incursões escritas nos entornos da psicologia analítica.

Contribuiu muito importantemente com este texto o Professor Alexandre Costa com sua *expertise* em Bioética, indicando o estudo da ética das virtudes, apresentada por Cristine Swanton, que trouxe para a análise em si uma riqueza a mais pelo fato de basear-se em Nietzsche, um filósofo que tem um lugar muito especial nas composições psicológicas e éticas do projeto teórico e clínico de Jung, o que permitiu a possibilidade de uma articulação mais profunda dos vários temas aqui em questão.

O amigo e Professor Wagner Chaves, antropólogo especialista em Folias de Reis, foi também de vital importância na construção dessas ideias, trazendo seus belos estudos etnográficos e apontando para os de Carlos Brandão.

Registro aqui agradecimentos aos que por muitas outras razões foram fundamentais para esta escrita: a *Folia* de Dona Otília, a primeira que presenciei; meus pais Virgínia e Dutra que receberam em casa o espírito genuíno da folia; Nise da Silveira, minha primeira mestra-psi; Norma Nogueira, a embaixatriz para tornar-me um folião de reis; Lis Oliveira, Carlota Oliveira, Renata Oliveira, Regina Oliveira, Vera Macedo, Lulu Antunes, Sigrid Haikel, Rosa Brizola, Karin Verthein, Rita Lemgruber, Pedro

Coelho, Evangelo Gasos, Thiago Espósito, Luisa Bustamante, Mariana Caser, Fabiano Lima, Jaime Calixto, Marcus Renato Carvalho, Paulo Roberto Carvalho, todos queridos cuidadores da vida ao longo dessa construção; e a Cantoria de Reis do Céu na Terra, minha inspiração!

E gratidão plena a minha filha Lis e meu filho Ravi que, de tão próximos, permitem uma jornada constante na busca da *criança divina*: a essência deste projeto.

Os Reis Magos

*Viemos viajando
do Oriente,
em busca de um menino
e de uma lenda.
Montados em camelos
e cansaços,
trouxemos três perguntas
e um presente.*

*Uma estrela veio
à nossa frente,
e como nós – errantes:
às vezes brilha.
às vezes cala.
Às vezes sente...*

Carlos Brandão (2012).

Anunciação

Começo me perguntando: Por que estou eu aqui a escrever sobre as Folias de Reis? Há muitas riquezas a respeito delas. De que lugar devo partir para ousar propor uma conversa? Dou-me conta de que o imaginário dos *Santos Reis* está comigo desde muito tempo. Nasci num bairro popular de uma cidade do interior do Estado do Rio de Janeiro, onde a cultura popular insiste.

Lembro-me de uma visita de um grupo de *foliões de reis* do bairro do Capão, próximo ao bairro em que eu morava em minha infância. Esse grupo tinha a participação de Dona Otília, mulher benzedeira, sogra de um dos meus irmãos. O grupo incluíra a nossa casa na jornada de sua folia daquele ano. Eles chegaram já tarde da noite, estávamos dormindo. Fomos acordados pelos versos que eram falados, convidando-nos a deixar entrar os *Santos Reis*. Eu era muito pequeno, mas lembro-me bem do estado de espanto geral da família. Era algo muito novo para nós, não tínhamos vivido aquela experiência até então. Aquilo chegava como um desafio enorme: desfazer a nossa regular vida noturna para deixar entrar, pela primeira vez, estranhamente, pessoas da nossa grande comunidade, que nunca tinham lá entrado, pelo fato de elas dizerem que estavam trazendo algo muito especial, algo que não tínhamos. Lembro do meu pai, muito curioso, sendo convocado como o *Dono da Casa*, abrindo a janela e permitindo que a luz da sala iluminasse os foliões que vinham da escuridão da rua. Embora o grupo estivesse sendo visto a partir da objetiva iluminação que saía da minha casa, lembro-me da sensação de que a luz, na verdade, vinha de fora; e, por fim, até mesmo concretamente, essa luz que vinha de fora era a luz da lua e das estrelas que nos bordava o céu naquele momento, cena que nunca tínhamos nos permitido assistir.

Muitos anos depois, fui brindado a conhecer, por meio da minha participação na Cantoria de Reis do Núcleo de Cultura Popular Céu na Terra, essa canção de folias, cantada ao se chegar numa casa e encontrá-la de portas fechadas e luzes apagadas. Essa música atualizou-me de maneira muito intensa a respeito do impacto promovido pela *Folia* de Dona Otília em minha família. O impacto da chegada de uma Folia de Reis.

> Acordais quem estais dormindo,
> acordais quem estais dormindo,
> neste sono em que estais,
> neste sono em que estais.
>
> Quem canta o Reis não dorme,
> quem canta o Reis não dorme,
> não é bom que vós dormais,
> não é bom que vós dormais.
>
> Bem podia o Deus nascer,
> bem podia o Deus nascer,
> entre ouros e cristais,
> entre ouros e cristais.
>
> Para dar exemplo ao mundo,
> para dar exemplo ao mundo,
> foi nascer entre animais,
> foi nascer entre animais.
>
> Porta aberta, luz acesa,
> porta aberta, luz acesa,
> é sinal de alegria,
> é sinal de alegria.

É nascido o Deus menino,
é nascido o Deus menino,
o filho da Virgem Maria,
o filho da Virgem Maria.

Estamos em sua porta,
estamos em sua porta,
com um feixinho de lenha,
com um feixinho de lenha.

Esperando uma resposta,
esperando uma resposta,
que da sua boca venha,
que da sua boca venha.

Senhora dona da casa,
senhora dona da casa,
desculpe lhe incomodar,
desculpe lhe incomodar.

Pro ano se Deus quiser,
pro ano se Deus quiser,
nós tornaremos a voltar,
nós tornaremos a voltar.

Entramos, entramos,
entramos, entramos,
com prazer e alegria,
com prazer e alegria.

Adoramos, festejamos,
adoramos, festejamos,
a Virgem Santa Maria,
a Virgem Santa Maria[1].

---

1. Música recolhida nos grupos de Folias de Reis pelos fundadores da Cantoria de Reis do Núcleo de Cultura Popular Céu na Terra.

* * *

Fui apresentado pela minha mãe, desde minha infância, ao mundo encantado do seu espiritismo cristão. Certa vez, invejoso dos presentes recebidos pelos vizinhos um tanto ou quanto mais afortunados economicamente do que nós, perguntei a minha mãe o porquê de no nosso Natal não recebermos presentes, e ela respondeu-me séria e amorosamente convicta: *porque o aniversário é do Cristo, Ele é que deve ser presenteado*.

Era uma perspectiva invertida do senso comum de que o presenteado é o aniversariante. Há histórias africanas e sufis que contemplam esse tema invertido. No conto do *Senhor dos Anéis*, de J. R. R. Tolkien, em muito nessas histórias inspirado, o aniversariante *hobbit*, Bilbo, é quem dá a seus convidados os presentes nas comemorações de seus emblemáticos 111 anos (Tolkien, 2022).

Nesse meu ambiente de infância, tive contato com músicas espíritas na nossa *igreja doméstica*, uma reunião semanal para estudar o espiritismo cristão. Nesse mesmo culto familiar, desenvolvi minha habilidade para a leitura lendo os poemas mediúnicos escritos por Chico Xavier em seu primeiro livro, *Parnaso de além-túmulo*. Declamei poesias e fiz esquetes cristãos nas aulas de evangelho para crianças aos domingos de tarde no quintal de nossa casa no bairro Turfe Club, em Campos dos Goytacazes. Essa casa se tornava, nesses dias, a Escola Paulo de Tarso, um grupo espírita cristão criado por minha mãe em parceria com Clóvis Tavares, da Escola Jesus Cristo, o grupo referência da religiosidade de minha mãe.

Evoco aqui uma música espírita-cristã, *A estrela dos magos*, que se tornou uma das minhas preferidas. A narrativa musical da história dos magos impunha-se à minha experiência mítica infantil por tanto ouvi-la em terrenos de tamanha afetação.

Na quietude da noite constelada.
Uma estrela no céu resplandeceu.
É Jesus que na Manjedoura amada.
É Jesus nosso Mestre que nasceu.

Estrela santa.
De paz e Amor.
Guiaste um dia.
Ao Salvador.

Glória a Deus nas alturas luminosas.
Glória ao Pai, que nos deu o Salvador.
Nossas preces se elevam amorosas.
Ao teu seio bondoso ó Criador.

Estrela mansa.
De estranha cor.
Guia-nos sempre.
Ao redentor.
Nos caminhos trevosos desta vida.

Viajores sem paz, sem pão, sem luz.
Dá Jesus Tua bênção tão querida.
Como deste o Evangelho ó Jesus.

Estrela santa.
De paz e Amor.
Guiaste um dia.
Ao Salvador.

Na humildade da nossa oferta pobre.
Aos teus pés nossa mirra, ouro, incenso.
Te rogamos, recebe Amigo Nobre.
Esta prova de nosso amor intenso.

Estrela mansa.
De estranha cor.
Guia-nos sempre.
Ao redentor[2].

---

2. Música transcrita e citada no caderno de músicas da reunião religiosa de minha infância: "Letra e Música de Caio".

* * *

A alma da cultura popular brasileira nos movia naqueles recantos do interior fluminense. Aparecia, também, por meio do Boi Pintadinho, dos mascarados de Carnaval, das Festas Juninas de terreiro, do circo. Tudo isso era mal disfarçadamente admirado pela minha família, o que me provocou uma atenção enorme. Éramos fortemente desincentivados a participar, mas olhar, podia. Eram tidas como manifestações de outra religiosidade, a macumba. Mas ocorria-me que havia um desconforto também por serem eventos incrivelmente promovidos por pessoas menos brancas, menos cultas e mais pobres até do que nós.

* * *

Quando terminei a minha formação médica, tive uma feliz oportunidade de começar a minha prática profissional sob as graças de Nise da Silveira, na Casa das Palmeiras. Lá aprendi o fundamental. Aprendi que os *loucos* eram destituídos de voz, não tinham lugar de fala, e que era esse então, por fim, o trabalho para com a saúde mental. Nós, profissionais da Casa das Palmeiras, participávamos dessa busca, por exemplo, colocando-nos a participar das atividades de escrita junto com os clientes, trocando impressões sobre a vida. Para Nise, nós, profissionais, é que merecíamos ser chamados de *pacientes*.

Com Nise da Silveira, se me abriu a visão de uma psicologia analítica, aquela que veio dos estudos de Carl Gustav Jung, fundada nessa visão de um inconsciente coletivo, fundamental para o que aqui pretendo apresentar e estudar. As visões a respeito da cultura mítica popular podem ser ancoradas na coletividade do inconsciente. Por meio dos desenvolvimentos nesse ambiente da psicologia analítica, pude chegar à noção de mito, visto como linguagem do inconsciente coletivo e como narrativas construídas pela artesanalidade dos povos. Tudo leva a crer que é o povo, na sua experiência artesanal, que nos oferece sempre as grandes narrativas, as grandes histórias, os mitos. E é neles, os mitos, a partir de Jung, que se pode compreender a *psique*.

Mais recentemente nos chegaram, do mundo da psicologia analítica, os estudos a respeito do inconsciente cultural e dos complexos culturais, ampliando-nos ainda mais os olhares a respeito da consciência coletiva, da relação entre a vida psíquica individual e a vida coletiva. Esses estudos, no contexto da psicologia analítica, trouxeram recursos para que pudéssemos pensar alguma psicomitologia em torno das manifestações míticas da cultura popular brasileira.

* * *

Por fim, fazendo parte significativa das razões pelas quais estou aqui a estudar a Folia, apresento, brevemente, o trabalho do Núcleo de Cultura Popular Céu na Terra, na cidade do Rio de Janeiro, um grupo de artistas-pesquisadores que, em suas apresentações de rua, desenvolvem diversas atividades baseadas no ciclo festivo-religioso brasileiro dos folguedos populares.

Mais do que espetáculos, as atividades do Céu na Terra adquirem forte caráter ritual tanto para seus integrantes como para o público participante. No Céu na Terra, quatro das suas *performances* dizem respeito a uma *vivência mítica*: a celebração da fantasia, no bloco de carnaval; a ritualização da mandala, nas rodas de boi; a prática da alegria e da perspectivação do que há de vir, no pastoril de rua; e as jornadas da Cantoria de Reis.

A Cantoria de Reis do Céu na Terra, criada há mais de 20 anos, é organizada a partir das Folias de Reis pesquisadas e conhecidas pelo grupo. Trata-se de uma proposta-ritual fundada nas experiências de folias brasileiras, que é caracterizada por uma série de visitas às casas de pessoas que desejem receber essa folia e se disponham à experiência da devoção ritual aos *Santos Reis*. Essas visitas se dão anualmente, entre os dias 25 de dezembro e 6 de janeiro, podendo se estender até o dia 20 de janeiro, quando se celebram as festividades populares em referência às figuras de Oxóssi e de São Sebastião. Na perspectiva da Cantoria, há interesse em reverenciar se irmanando às Folias de Reis tradicionais e, também, de ir ao encontro daqueles velhos foliões que já não as praticam. A missão da Cantoria se assemelha à missão das tradicionais Folias de Reis: a de cumprir uma jornada ritual em torno do Auto dos Reis Magos, advindo da mitologia cristã. Acredita-se que, ao cumprir uma jornada, coloca-se vivacidade ao viver.

Há um documentário[3], intitulado *Ciclo natalino da Cantoria de Reis do Céu na Terra*, com depoimentos dos integrantes da Cantoria. Esses depoimentos revelam a experiência vivida pelos integrantes ao longo dos anos de realização da Cantoria. Ao assisti-los, vejo os elos entre aquela experiência e os estudos que realizo; observo também o quão emocional é a prática de uma vivência mítica a partir das narrativas populares.

Dessa Cantoria, faço parte há quinze anos, incluindo-me na qualidade de *folião*. Esses fazeres trazem-me a honrada experiência de uma participação nesse importante agenciamento das folias, a Folia do Núcleo de Cultura Popular Céu na Terra.

---

3. Depoimento intitulado *Ciclo natalino da Cantoria de reis do Céu na Terra*, promovido pela Companhia Arteira. Cf.: https://www.youtube.com/watch?v=4YHpzxKdzF4

* * *

Fechando essa abertura, evoco *uma pausa,* trazendo uma outra letra de canção *foliã,* que ambienta as ideias que pontuei até aqui, uma canção relacionada ao *grude* – um nome dado ao momento em que os foliões, em plena visita a um devoto, param o ritual para serem servidos pelos donos da casa por alguma comida e bebida, levando a uma descontração e a muitas possibilidades de brincadeiras. Até que se reinicie o rito...

> Abre a porta, ó maninha,
> que a folia já vem,
> chame o povo, é hora de cantar,
> a reisada deste ano
> tá bonita *pra* danar.
>
> Pega a bandeira, ó maninha
> traz o palhaço *pra* roda,
> faz o grude, o povo quer comer,
> a reisada deste ano
> vai cantar até romper.
>
> Vai romper na aurora
> com muita cantoria,
> traz mais grude é dia de folia,
> a reisada deste ano
> vai trazer muita alegria.
>
> Alegria *pra* mim,
> alegria procê, *pro* vovô,
> *pra* vovó e *pra* titia,
> a reisada deste ano
> é louvada neste dia.

A te te larararararara eia,
A te te larararararara eia,
Ô, ô, ô Inácio, ô Inácio[4].

---

[4]. Música recolhida nos grupos de folias pelos fundadores da Cantoria de Reis do Núcleo de Cultura Popular Céu na Terra.

Cultura popular e psicologia analítica

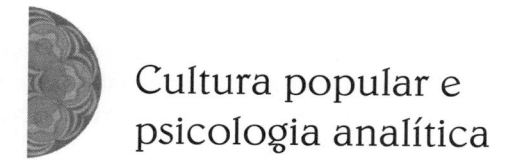

Do inconsciente cultural e complexos culturais aos mitos brasileiros

A noção de inconsciente cultural e a de complexos culturais, a partir da visão da psicologia analítica, são importantes contribuições à compreensão das dinâmicas coletivas. Aqui, relaciono esse inconsciente cultural aos estudos dos mitos brasileiros como modo de nos aproximar de nossa cultura popular mítica.

Esse ambiente de ideias ilumina compreensões para a relação entre o indivíduo e a cultura, para as subjetividades relacionadas aos eventos psíquicos vistos como interiores e como exteriores, para a relação consciente-inconsciente. A noção de inconsciente cultural e a de complexos culturais acenam para um entendimento da natureza e dinâmica dos grupos, da relação entre grupos, dos conflitos sociais. Refere-se, portanto, a uma concepção acerca de uma psique coletiva costurada bem justa a um conceito central das teorias junguianas, o de inconsciente coletivo.

Joseph Henderson apresentou o inconsciente cultural como:

> [...] uma área de memória histórica que fica entre o inconsciente coletivo e o padrão de manifestação da cultura. Pode incluir ambas as modalidades, conscientes e inconscientes, tem algum tipo de identidade decorrente dos arquétipos do inconsciente coletivo, auxilia na formação do mito e do ritual e também promove o processo de desenvolvimento nos indivíduos (Henderson, 1990, p. 102-103).

Do mesmo modo como se agitam os inconscientes coletivo e pessoal, o inconsciente cultural se manifesta por meio dos caminhos dinâmicos dos complexos, aquilo, no humano, que empreende, sugere e coagula o cotidiano do viver. Os complexos, vistos como linhas fundamentais da vida psíquica, seriam entidades funcionais, emocionais por excelência, e altamente carregados de ideias. São imagens desdobradas das representações arquetípicas – aquelas geradas nos movimentos essenciais do inconsciente coletivo.

Jung comenta que o complexo diz respeito ao corpo e tem uma certa forma fisiológica de se apresentar. Ele se comporta como uma personalidade parcial, como algo que interfere na intenção, muitas vezes como se fosse mesmo uma interferência de um outro ser humano ou por uma circunstância de fora (OC 18/1).

Nessa perspectiva, o que importa em relação à noção de complexos é sua abertura para a convocação do fazer consciência. Thomas Singer e Catherine Kaplinsky trabalharam numa aproximação entre os conceitos de inconsciente cultural e o de complexos apresentando a noção de complexo cultural, um outro nível de complexos ligados à *psique* do grupo ao qual pertence o indivíduo, ou seja, naquilo que se tem como referente ao grupo em cada *psique* (Singer & Kaplinsky, 2010, p. 28).

Os complexos pessoais e os complexos culturais estão implicados mutuamente, afetando-se. Embora sejam requeridos para tal, os complexos resistem "aos nossos esforços mais heroicos para torná-los conscientes"; eles estão dados pela ancestralidade memorial do que se experimenta, do que se valida; guardam a mais íntima relação com o que se refere ao arquetipicamente humano e a seus mais significativos eventos, não se dando fácil a "serem controlados, refletidos e discriminados" (Singer & Kaplinsky, 2010, p. 29).

Para Singer e Kaplinsky:

> [...] os complexos culturais são baseados em experiências históricas frequentemente repetidas que se enraizaram na psique coletiva de um grupo e nas psiques dos membros individuais de um grupo [...]. Como tal, os complexos culturais podem ser pensados como blocos de construção fundamentais de uma sociologia interior [...], uma descrição de grupos e classes filtrada através das psiques de gerações de antepassados, [...] [contendo] uma abundância de informação e desinformação sobre [...] as sociedades (2010, p. 30).

Buscando referenciar os complexos culturais presentes em nossa brasilidade, Leonardo Boff apresenta-nos, numa perspectiva de um olhar contracolonial, quatro emblemáticos complexos culturais brasileiros (Boff, 2016). (1) Ele fala daquele complexo que se organizou em função do histórico roubo das riquezas naturais, relacionando com uma certa ênfase no direito a não cumprir deveres para com o outro. (2) Aponta também para um possível complexo casa-grande/senzala, relacionado à história da escravidão, associando-o à busca de privilégio e de se constituir relações serviçais. (3) Um complexo talvez ainda mais antigo em sua origem é por Boff relacionado às invasões de terras indígenas, indicando formas de domínio sobre o outro. (4) E haveria, segundo Boff, um ainda mais marcante, relacionado historicamente ao genocídio indígena, implicando a negação completa do outro.

> As quatro sombras recobrem a nossa realidade social e dificultam uma síntese integradora. Elas pesam enormemente e vêm à tona em tempos de crise como agora, manifestando-se como ódio, raiva, intolerância e violência simbólica e real contra opositores. Temos que integrar essa sombra, como diria C.G. Jung, para que a dimensão de luz possa predominar e liberar nosso caminho de obstáculos (Boff, 2016).

Podemos, por fim, referir-nos a um inconsciente cultural brasileiro, despontado ao longo da colonização dessas terras. Esses estudos têm se dedicado a discutir "sobre o que Gambini nomeou como 'Alma brasileira', discorrendo também sobre as questões raciais e indígenas no Brasil" (Silva & Serbena, 2021, p. 162). Essa denominação, "alma brasileira", refere-se, a nosso ver, de um modo geral, ao que podemos entender como inconsciente cultural brasileiro, tema que tem contribuído para a "elaboração de aspectos sombrios da nossa história, que não foram trazidos à consciência adequadamente" (Silva, 2021, p. 5).

Referir-me à alma brasileira não se trata de uma especificação de identidade, mas, sim, às constituições múltiplas do que metaforizamos como brasilidade. São muitos Brasis, são muitas histórias sobre ele. "São promissoras as investigações a respeito da alma brasileira", segundo Boff, seria um "entender melhor a si mesmo", com a perspectiva de irmanar-se a "uma humanidade planetizada que está se impondo como nova fase da Terra e da Humanidade"; seria, por fim, aproximar-se de desconhecidos de si mesmos, compondo sentidos coletivos, amparando devires "almados" (Boff, 2014, prefácio).

O "caminho mais adequado [para se estudar a alma brasileira seria] o estudo dos mitos, dialogando com um mestre da interpretação do mito, que é Carl Gustav Jung, com sua teoria dos arquétipos coletivos". O mito é a tradução da alma humana em linguagem imagísticas, contando o que "nos afeta profundamente e representa grande significado para a vida" (Boff, 2014, prefácio).

O que importa, nesse contexto, é que a "cultura deixa, então, de ser percebida como um sistema estático e extrínseco" e o que Jung virá a referir-se como o centro da psique, o si-mesmo (*Self*), deixa, ao contrário, de ser percebido "como um sistema espontâneo e intrínseco, passando *Self* e cultura a serem compreendidos de forma complementar, e não mais dicotomizada" (Araujo, 2022, p. 31).

Dos mitos às narrativas

O mito se dá a ser visto como um agenciador da vida social. Ele se faz vivo nas entranhas do inconsciente coletivo. Segundo Walter Boechat, tanto "Freud quanto Jung se serviram do mito para circunscrever a fenomenologia do inconsciente e construir as bases da psicologia moderna do inconsciente". Freud gerou "a teoria da novela familiar", colocando como princípios a questão do parricídio e do incesto, criando uma visão moderna a respeito da vivência humana e de sua cultura.

O mito de Narciso foi instado por Freud a trazer compreensões importantes ligadas "à formação da consciência e do ego". A mitopoese freudiana relacionou o mito da horda primordial aos "conflitos familiares", iluminando os fenômenos referidos ao "poder, domínio, tirania, repressão, inveja, agressividade e atração sexual" (Boechat, 2014, p. 2).

> Falávamos anteriormente da função mitopoética da psique, involuntária. Não só nos indivíduos, mas também no estudo das culturas também o mito se torna indispensável para termos uma noção clara de identidade cultural. Em todas as culturas o mito estará invariavelmente presente, desde as antigas culturas tribais e entre os mais diversos povos. Na contemporaneidade mitos típicos dominam a cultura particular de um povo, pois as culturas têm no mito um referencial de identidade significativo (Boechat, 2014, p. 25).

Os mitos costumam expressar, personificando, os elementos materiais e as forças físicas, as ideias morais, as pessoas marcantes para o coletivo em questão. Os mitos contam simbolicamente as histórias dos povos e de seus andamentos étnicos e éticos; eles movimentam os enredos, muito curiosamente, por meio de um antropomorfismo primordial, sempre original, e sempre em mudança.

Segundo Jung, os mitos "são revelações originárias da alma pré-consciente, pronunciamentos involuntários acerca do acontecimento anímico inconsciente e nada menos do que alegorias de processos físicos". Evocando poeticamente o antigo conceito platônico de alma para referenciar ao psíquico, Jung diz que a "alma contém todas as imagens das quais surgiram os mitos". E ainda mais, segundo ele, os mitos "correspondem aos restos desfigurados de fantasias correspondentes a desejos de nações inteiras", cada mito corresponde a um "'sonho coletivo' do povo" (OC 5, § 28).

> Os mitos, por conseguinte, são como reflexões ou imagens de espelho de certas situações culturais da humanidade, e, assim como grandes sonhos arquetípicos individuais, eles contêm intuições e previsões profundas de desenvolvimentos posteriores, e, assim, eles podem ser considerados marcos miliários no desenvolvimento da consciência humana (Kluger, 2016).

Joseph Campbell radicaliza a visão dos mitos, dizendo que:

> [...] a mitologia é uma função da biologia [...] um produto da imaginação do soma. [...] A imaginação humana está enraizada nas energias do corpo. E os órgãos do corpo são os determinantes dessas energias e dos conflitos entre os sistemas de impulso dos órgãos e a harmonização desses conflitos (Campbell conforme citado por Keleman, 2001, p. 11).

Os mitos se apresentam como narrativas, segundo Walter Benjamin, e a "narrativa tem sempre suas raízes no povo, principalmente nas camadas artesanais" da sociedade. Segundo ele, as narrativas sabem descer ao âmago e subir ao sideral da vivência humana. Nas narrativas míticas, pode-se reconhecer a experiência coletiva, o inconsciente coletivo arquetípico, tendo como princípio o fato de que nem "a morte representa um escândalo ou um impedimento" (Benjamin, 2012, p. 29).

> Os mitos nascem, crescem e se transformam através da riqueza sensorial e criativa da cultura oral. Foi assim que, na velha Grécia, trezentos anos de Narrativas a respeito de um certo Édipo foram coletadas, selecionadas e eternizadas por Sófocles no seu Édipo Rei (Oliveira, 2018b, p. 122).

> Ao contemplar a mitologia grega, por exemplo, podemos ver como as histórias contadas e cantadas pelo povo grego – séculos seguidos – tornaram-se literatura e foram assim eternizadas. Édipo é uma das mais conhecidas e mais exuberantes referências que temos dessa trajetória de eternização: da criação espontânea do povo, até a configuração artística (Oliveira, 2014, p. 105).

Junito Brandão, estudando os mitos gregos e outras tantas mitologias antigas, comenta que os mitos "só se conhecem através da forma escrita e das imóveis composições da arte figurada". Ele acredita que, mesmo genialmente concebidas artisticamente, essas formas escritas desfiguram as narrativas originais nos seus elementos muitas vezes fundamentais; os mitos, em suas múltiplas variantes, "constituem no verdadeiro pulmão da mitologia" (Brandão, 2002, p. 25).

> Entre narrar um mito, que é uma práxis sagrada, em determinadas circunstâncias, para determinadas pessoas, e compor uma obra de arte, mesmo alicerçada no mito, vai uma distância muito grande. [...] [O Mito é algo] que se desloca livremente no tempo e no espaço, multiplicando-se através de um número indefinido de episódios (Brandão, 2002, p. 26).

Das narrativas brasileiras

As nossas Histórias, assim como diz Gilberto Gil (1992), em sua canção, respondendo à pergunta poética *de onde vem o baião*: vem de *debaixo do barro do chão*.

* * *

Com a perspectiva de criar recursos "em relação às complexidades do real, estivemos, sempre, criando histórias extraordinárias de concepções acerca da vida". Com essas histórias, "formamos paraísos e infernos que nos empurraram para a busca do melhor". Nessas narrativas, "colocamos tudo aquilo que não encontramos fácil nos percalços da vida. Enfim, as histórias que criamos expõem o que necessitamos para o equilíbrio rítmico de nossa alma" (Oliveira, 2014, p. 105).

As narrativas míticas, histórias desfiadas ao longo de tempos, segundo Maressa Vieira:

> [...] carregam um grande número de imagens mentais e afetivas, segundo as quais os indivíduos interpretam a si mesmos e o mundo à sua volta por contarem eventos através de representações. Tais representações têm a função de fazer com que as pessoas se enxerguem nelas para entenderem o comportamento (Vieira, 2009, p. 19).

Trago aqui alguns mitos já eternizados no ambiente da cultura popular brasileira com a intenção de criar uma ponte entre as noções de mito e a noção de vivência mítica, fundamental para compreendermos o ritual das Folias de Reis, na perspectiva da psicologia analítica.

O saci

Vale a pena aqui, então, a partir dessas abordagens a respeito do mito, dar uma olhada em uma de nossas criações mitológicas brasileiras mais reconhecidas, o saci-pererê.

> Havia um mito tupi-guarani presente na vida brasileira, surgido há mais de 200 anos, referido à região de fronteira com o Paraguai, conhecido como *Çaa cy perereg*, traduzido como

olho mau saltitante. Monteiro Lobato fez nascer a primeira investigação na direção de organizar a temática lendária e os aspectos do comportamento desse nosso importante perneta. Na verdade, esse evento histórico do "inquérito" lobatiano viria revitalizar a nossa cultura popular, focando-a no debate da questão do afetado desenraizamento de grande parte de nossos intelectuais (Oliveira, 2014, p. 106).

As respostas às perguntas feitas por Lobato aos leitores de um importante jornal da época indicavam muitas variações e apresentavam, em comum, algo muito significativo: todas se referiam ao fato de que os relatos tinham sido ouvidos de ex-escravizados. Os sacis poderiam ser relatados como travessos ou como malignos, variando entre praticar pequenas diabruras, fazer disparar os cavalos, esconder objetos, fazer uso de bebidas alcoólicas, gorar ninhos, queimar balões, quebrar pés de milho. O saci era ainda relatado como notívago, como *filho da sombra*, como assustador pela sua saída impetuosa e inesperada de um "esconderijo" e pelo "seu tenebroso assovio típico". Mas era também apresentado como "brejeiro e libertário", como brincalhão que permitia a fuga de animais (Lobato, 2008, p. 15).

Enfim, o saci podia ser:

> [...] um tipo mignon preto, lustroso e brilhante como o piche, não tem pelo no corpo e nem à cabeça; dois olhinhos vivos como os da cobra e vermelhos como os de um rato branco; a sua altura não passa de meio metro (Lobato, 2008, p. 17).

Ou podia ser descrito:

> [...] como o pintava sempre a Joana, a mucama que me criou, o *mardito*, como ela o chamava, era um pretinho de um metro de altura, uma perna só, vestido com um

> calção de baeta vermelha. [...] Uma camisa branca aberta no peito, carapuça vermelha afunilada, além de nariz adunco, barbinha de bode preto e unhas compridas (Lobato, 2008, p. 17).

Os relatos e comentários recolhidos por Lobato vinham cheios de referências à nossa brasilidade, levando-nos a entrever o poder criador do povo. O escritor Lobato, ao criar o personagem do saci a partir de tantas histórias, viria "operar como o instrumento estético por meio do qual o povo dá corpo definitivo e harmônico aos seus ingênuos esboços". Declarou o próprio Lobato que ele teria se impregnado dessas narrativas e saído "cheio de ideias, de formas, de coragem, de inspiração", realizando assim a eternização de uma figura mítica do povo brasileiro (Lobato, 2008, p. 37).

E Lobato propôs, ainda mais, que:

> [...] no dia em que esse *enfant-terrible* das capoeiras for fixado em formas definitivas pelas artes plásticas, o nosso patrimônio artístico ter-se-á enriquecido de algo novo. Será uma nota de originalidade brasílica tão valiosa como o maxixe na coreografia, a moqueca na culinária, o péu-péu nos dias de hino, a modinha na música, o desafio na poesia (Lobato, 2008, p. 31).

Os mitos do saci carecem ser olhados como manifestações do inconsciente coletivo. O medo, por exemplo, pode nos ter levado ao saci-pererê. Questiona Lobato: não seria em boa parte "o medo o grande criador dos deuses e dos demônios?" E acrescentamos: a necessidade de lidar com as insurgências do viver pode nos ter levado a inventar, ao longo de anos de escravidão, um molequinho esperto e desaforado que "não tem maus bofes" (Lobato, 2008, p. 31).

Na concepção junguiana dos arquétipos, o saci assemelha-se a um *puer* (OC 9/1, § 259-305), a uma figuração da criança, aos símbolos do que descende, do que não procria, do filho (Vieira, 2009). Nesse ambiente arquetípico, o saci nos informaria a respeito da mutabilidade e da futuridade; do impulso de autorrealização; da invencibilidade heroica e divina; do começo e fim; da não consciência; das forças vitais (Martins & Bairrão, 2009). No saci menino, entrevemos um devir criança, a perspectiva da apropriação do que é novo e do que é possível esperançar.

Aqui está ele.

> [Um, eu o vi, uma vez], era um vulto de um menor [...], magrito, vivo, ativo, buliçoso, caviloso, sem orelhas. [...] Um tipo mignon, preto, [...], não tem pelo no corpo nem à cabeça; dois olhinhos vivos como os da cobra e vermelhos como os de um rato branco; a sua altura não passa de meio metro; possui dois braços curtos e carrega uma só perna, com esta pula que nem cutia e corre que nem veado. [...] [Ele espalhava] a farinha dos monjolos, [remexia] o ninho das poedeiras gorando os ovos, e [judiava] das galinhas. [E dentro a casa ele escondia] objetos, [estragava] a massa do pão posta a crescer, [esparramava] a cinza dos fogões apagados em cata de algum pinhão ou batata esquecida. [...] [Saltitante], nariz de socó, língua de palmo, "pincezinho" no queixo, barriga de maleiteiro, umbigo de chorão, rastro de criança. Ah!, [e] quando [via] gente [assobiava], [punha] a língua e ["coriscava"]. [...] [E o Saci por fim se aproveitava da minha distração. Se eu desviasse o olhar porque ouvi] ao longe o cantar de um galo, [quando olhasse] [...] não mais [o via], o Saci [desaparecia] como por encanto (Lobato, 2008, p. 16ss.).

Nos mitos do saci, ainda à luz da visão da psicologia analítica, vislumbramos um *trickster* (OC 9/1, § 456-488), o opositor daquilo que é dito normal, opositor do *status quo*. Estamos diante da ovelha negra, do desviante, do provocador de amarguras (Vieira, 2009). Estamos diante dos Exus.

Esses desviantes bem que podem vir representando a contramão de nossa história: os degradados portugueses; o povo indígena; os negros; os sem-terra... Esse saci incomoda o deleite do paraíso e o desejo de absolutismo. Esse saci nos coloca diante das realizações históricas que só foram possíveis "porque havia uma força antagônica, rebelde, provocadora de mudanças que impulsionou a humanidade a sair deste estado paradisíaco" (Lages, 2012).

Aqui está o saci, de novo.

> [Um outro Saci, eu vi, quando] o sol afrouxa no horizonte, e a morcegada faminta principia a riscar de voos estrouvinhados o ar cada vez mais escuro da noitinha, a saparia pula dos esconderijos, assobia o silva de guerra – sacipererê – e cai a fundo nas molecagens costumeiras. A primeira vítima é o cavalo. O Saci corre aos pastos, laça com ela um estribo, e dum salto ei-lo montado à sua moda. O cavalo toma-se de pânico, e deita a corcovear pelo campo afora enquanto o perneta lhe finca o dente numa veia do pescoço e chupa gostosamente o sangue até enjoar. Pela manhã os pobres animais aparecem varados, murchos dos vazios, cabeça pendida, e suados como se os afrouxasse uma caminhada de dez léguas beiçais.
>
> [...]
>
> Se encontra na estrada algum viajante tresnoitado, ai Dele! Desfere-lhe de improviso um assobio no ouvido, escarrancha-se-lhe à garupa e é uma tragédia inteira o resto da viagem. Não raro o mísero perde os sentidos e cai à beira do barranco até dia alto. Outras vezes diverte-se o Saci com pregar-lhe peças menores; desafivela um loro,

desmancha o freio, escorrega o pelego, derruba-lhe o chapéu e faz mil picuinhas de brejeiro.

[...]

Rodamoinho... A ciência explica este fenômeno mecanicamente pelo choque de ventos contrários e não sei que mais. Lérias! É o Saci quem os arma. Dá-lhes, em dias ventosos, a veneta de turbilhonar sobre si próprio como um pião. Brincadeira pura. A deslocação do ar produzida pelo giroscópio de uma perna só é que faz o remoinho, onde a poeira, as folhas secas, as palhinhas dançam em torno dele um corrupio infrene (Lobato, 2008, p. 46 e 73).

Importa, nesse contexto, reconhecer que o saci se tornou, por meio da literatura lobatiana, um nosso mito. E, a partir daí, tem sido bastante apresentado, vivenciado e estudado. O saci entrou definitivamente em nossas referências míticas, mora na nossa aldeia conosco. Assim como os sacis, há muitos outros, melhor dizendo, muitas outras figuras, formadas no imaginário do povo e ainda carentes de nossas aproximações. Essas figuras condensam e entrelaçam "crenças religiosas e moralidades, acontecimentos ficcionais e históricos, concepções de espaço e tempo"; elas nos vêm carregadas de "um grande número de imagens mentais e afetivas"; e por meio delas, podemos continuar interpretando a nós mesmos e ao mundo à nossa volta (Vieira, 2009, p. 19).

O curupira

Outra abordagem a um nosso mito, o curupira, nos convida a acentuar os aspectos de inversão. O curupira nos desdobra a mente nos imaginários do ambiente de nossos povos originários. Estudando-o, Isabela Fernandes apresenta-nos como um deus que ampara as florestas e os animais, e ataca os homens em suas intenções destruidoras. Também visto como um duende, um gnomo das matas, revela-se misterioso, aterrorizante; um menino empoderado de forças descomunais. O curupira brota do imaginário dos caçadores da Região Norte do Brasil, comportando-se ora como divindade da floresta, sim, mas também como uma bruxa que ludibria e devora; ora como guardião dos animais, e ainda como mestre dos ritos de passagem.

Na profundeza da noite na floresta, no recôndito da psique humana, nos pés voltados para trás, nas desarticulações corporais, nos corpos cheios de pelos e sem orifícios, nos cristais reluzentes como dentição, o curupira habita a interseção homem, animal e deus. Como um "genuíno" deus pagão, evoca as imagens caóticas da psique, as ocultezas, a pura-natureza.

Isabella Fernandes diz que:

> [...] o Curupira pertence àquele âmbito do imaginário humano que [...] chamamos de campo de alteridade do imaginário. Este elemento selvagem dentro do homem reclama sua expressão e atuação produzindo imagens de inversão para com o comportamento "normal" da vida consciente (Fernandes, 2014, p. 40-41).

Os pés invertidos, os opostos, o jogo entre o que conhecemos e o que desconhecemos, o curupira assim impõe ao "homem se perder ou se encontrar em seu trânsito iniciático pelo interior da mata e da alma". O curupira nos leva aos palhaços, aos coringas, aos arlequins, aos embusteiros, a um plano inconsciente de maldições e de banimentos, ao plano dos instintos (Fernandes, 2014, p. 41).

> Articulador entre níveis opostos, o Curupira também é, como todo *trickster*, uma divindade das transações e das trocas escusas. O Curupira gosta de fazer com os caçadores negociações secretas, que em geral levam o homem a transgredir fronteiras perigosas. Neste sentido o Curupira representa os "compromissos" – sempre traiçoeiros – que devem ser realizados entre o mundo humano e o mundo selvagem, para que seja superada a cisão entre estes dois registros. O homem quase nunca consegue cumprir estes tratos, e acaba sendo punido. Às vezes, porém, o homem é capaz de respeitar o compromisso, sendo então abençoado com dádivas sem conta (Fernandes, 2014, p. 46).

A figura do curupira, na simbologia imagística, está ao lado dos cumpridores de acordos; a estes, revela segredos e concede-lhes a sorte no uso caçador da floresta. O curupira pode se fazer um guia, uma criança divina, um novo, o acesso ao que não se sabe, "uma criação da fantasia", para "cumprir as exigências paradoxais do próprio mundo selvagem", compensando os excessos da ação predadora do homem sobre a natureza, "regulando as perdas que o homem provoca no mundo selvagem" (Fernandes, 2014, p. 47).

> O mito do curupira, por fim, aqui, instiga-me na questão ética apontando um movimento ao outro no sentido de uma recuperação pela compreensão de "tudo o que permanece na alma humana sem compreensão e sem redenção". Diria respeito à possibilidade de transformarmos a hegemonia do domínio sobre o outro e sobre a natureza em combate à exclusão, à destruição (Fernandes, 2014, p. 60-61).

Diz-nos Isabela, concluindo, que:

> [...] os mitos de inversão do Curupira, criados pelas comunidades caçadoras brasileiras, parecem cumprir a função compensatória arquetípica de tentar superar a dissociação entre a alteridade selvagem e identidade cultural. A

sabedoria destes mitos de inversão brasileiros – ligados à figura do Curupira e de outras "assombrações" vingativas das matas, tais como o Boitatá, o Anhangá, o Saci ou o Caapora – revela os perigos de se perder de vista a conexão periódica entre a anomia e o *nómos* social. O universo mítico que envolve a figura do Curupira mostra os perigos do confinamento do homem dentro de seus próprios limites de identidade cultural e individual. Do ponto de vista do mito de inversão pode-se concluir que, se a consciência coletiva não aceita integrar em si mesma o elemento de alteridade, corre o risco de se perder de uma vez por todas para este outro que, sabemos, vai contra-atacar violentamente. Pois o não reconhecimento do "outro" – o anormal, o inimigo, a natureza, o demoníaco, a anomia – como instância legítima do próprio indivíduo e da ordem cultural, destrói a possibilidade de emancipação espiritual do homem. Os mitos das mais antigas civilizações, assim como os mitos de nossos índios e sertanejos brasileiros, revelam-nos a importância da "nomeação do outro como elemento constituinte do mesmo, como condição da própria identidade" […]. Desta forma, o Curupira é o deus protetor das matas brasileiras, mas é também "o outro, o nosso duplo, o estranho dentro de nós, em reciprocidade com nosso próprio olhar, como uma imagem num espelho" (Fernandes, 2014, p. 61).

Das narrativas às vivências míticas

As narrativas podem se tornar vivência mítica, vivência artístico-ritual dos mitos, afetação. As vivências míticas produzem passagens, destinações e conhecimentos naqueles que nelas se envolvem. "A vivência mítica coloca-nos a postos para a construção da singularidade, coloca-nos diante da possibilidade da presença". Ela se dá quando alguma narrativa é contada, cantada, dançada, dramatizada, propondo a experienciação de formas e expressões, evocando afetos e ações, criando recursos e potências diante do coletivo, trazendo a perspectiva do bem comum a todos, sem perda das autonomias (Oliveira, 2014, p. 112).

> [...] a vivência mítica diz respeito à possibilidade de integração entre o corpo-experiência e o corpo-social, à criação, à construção de uma ética, à resistência aos poderes que não se irmanam. A vivência mítica está na contramão das imagens clichês, ela propõe a inclusão dos gestos do passado e busca o si mesmo na relação com tudo. Na vivência mítica, está envolvida a construção de uma nova espiritualidade, a da alegria de viver e irmandade (Oliveira, 2014, p. 22).

* * *

Que corpo é esse que as vivências míticas provocam? Segundo Jung, corpo e psique andam sempre juntos.

> Uma vez que psique e matéria estão contidas num único e mesmo mundo, e, sobretudo, uma vez que estão em contato contínuo entre si e, em última análise, fundamentam-se em fatores irrepresentáveis e transcendentais, não é somente possível como, inclusive, bastante provável que psique e matéria sejam dois aspectos diferentes de uma só e mesma coisa (OC 8/2, § 418).

A nossa psique corresponde à vida fisiológica do corpo. Corpo e espírito são meros aspectos da grande realidade da psique. Isso significa que a experiência psíquica é uma experiência concretamente imediata, assim como o corpo é uma experiência metafísica. Atualizando o interesse de Jung, podemos dizer junto, com ele, que

> [...] sem nos envergonharmos das insuficiências do nosso diletantismo histórico, vamos ter que frequentar mais um pouco a escola dos filósofos – médicos daquele passado longínquo, do tempo em que o corpo e a alma ainda não tinham sido retalhados em diversas faculdades. Apesar de sermos especialistas, por excelência, nossa especialidade, curiosamente, compele-nos ao universalismo, à profunda superação da especialização, para que a integração de corpo e alma não seja apenas uma conversa fiada (OC 16/1, § 56).

O físico e o psíquico, outrora vistos como separados, tendem, hoje, a ser tratados como simples operação prática e, na medida em que se desenvolvem as concepções da existência humana baseadas na relação com o meio ambiente, o somático e o psíquico passam a ser comparáveis. O corpo, em suas ações e reações às circunstâncias, e a psique, em seus modos de rememorar os acontecimentos passados, obtêm satisfação nas interações em andamento e nas do porvir, interligados. Interpretando, modificando o ambiente e reforçando a vida, esse psicossoma está inscrito nos registros memoriais das forças arquetípicas, nas intensidades históricas do desejo (Costa, 2004).

Jung desenvolveu uma teoria sobre a importância do ritmo na transformação das pulsões instintivas primitivas em atividades culturais, que parece ser definitiva para as bases de um estudo sobre o desenvolvimento psíquico. Para ele, o ritmo diz respeito à função transcendente, à função da recomposição criativa, à dinâmica interativa entre oposto, à significação de uma forma, ora dispondo de uma qualidade, ora de outra. O ritmo está referido a um sentimento de ritmicidade, a algo vivido para além da expressão da sexualidade. Ele não está necessariamente associado a uma energia ligada à repetição para ser reconduzida ao prazer; está, sim, envolvido na ordem do caos, de um inconsciente criativo, de uma criatividade fundamental (OC 17).

As atividades rítmicas não se referem a dados *a priori*; pelo contrário, elas criam alteridade naquilo já construído, colocando em questão a própria função de construir.

> Mas podemos dar um passo adiante e dizer que o inconsciente cria também conteúdos novos. [...] Sob esse ponto de vista, o inconsciente aparece como a totalidade de todos os conteúdos psíquicos *in statu nascendi*. [...] A melhor maneira talvez de compreender o inconsciente é considerá-lo como um órgão natural dotado de uma energia criadora específica (OC 8/2, § 702).

Para Walter Boechat, estudioso da interação psique/corpo no contexto da psicologia analítica:

> [...] a noção de sincronicidade está relacionada à noção de inconsciente psicoide, isto é, uma camada do inconsciente muito profunda, totalmente inacessível à consciência, que tem propriedades em comum com o mundo orgânico; assim o mundo psicológico e o fisiológico podem ser julgados como duas faces de uma mesma moeda. O arquétipo psicoide tem a característica de um espectro, o nível infravermelho é o polo fisiológico e instintivo, o nível ultravioleta corresponde ao polo imagético. Fenômenos psíquicos e físicos ocorrem simultaneamente por sincronicidade, nas duas extremidades do espectro (Boechat, 2000).

As vivências míticas costumam instigar a inauguração de um não determinismo da mente-corpo em relação ao ambiente e apontar para a importância das heranças – já que são elas que oferecem as linhas de ação para a psique, assim como se dá com o corpo. As vivências míticas tendem a intensificar os processos de individuação daquela que delas participa. E esses processos dizem respeito aos acontecimentos dos arquétipos, as manifestações "da experiência individual pelo complexo psicofísico" (Boechat, 2004, p. 50).

Os *arquétipos* estão associados às múltiplas impressões das experiências comuns à humanidade ao longo do tempo. Eles se dão a conhecer por meio dos mitos, seus registros na cultura. Há alguns arquétipos que se tornam mais apreensíveis por meio dos mitos mobilizadores de nascimentos, de heróis, da morte; eles carregam, assim, fortes referências à vida do corpo, demonstrando seu contexto psicoide. Segundo Boechat, "o arquétipo ocupa, em seus aspectos mais profundos, uma posição quase-psíquica e ao mesmo tempo quase-material, uma posição entre psique e matéria" (Boechat, 2004, p. 9).

O arquétipo, realmente, fundamenta a individuação, esse processo de desdobramento da experiência humana, que envolve o lidar com os impulsos a partir de uma base biológica singular, de um fluxo psíquico múltiplo e de um ambiente sociocultural coletivo. A visão arquetípica da psicologia analítica corresponde à imagem de um corpo-psique em contínuo andamento. O conceito de complexo, nessa abordagem, está também relacionado à visão integradora do corpo e psique. Um complexo seria, a princípio, a reunião de imagens organizadas em um núcleo ligado a um ou mais arquétipos, caracterizado por uma particular tonalidade emocional. Eles estão diretamente ligados ao comportamento e constituem-se afetos, conscientes ou não.

"Uma pessoa não tem um complexo: o complexo que a tem", dizia Jung. Assim como o corpo, o complexo possui energia própria, faz atuar, faz sentir e pensar. Os complexos não são nem "negativos" nem "positivos"; são fontes das emoções, permitem que aspectos do inconsciente sejam revelados com contornos visíveis. Os aspectos negativos de um complexo – aquilo que é percebido como um distúrbio – relacionam-se ao que se denomina como sintomas (OC 8/2, § 200).

Os complexos, organizados na relação entre aspectos pessoais e arquetípicos, expressam o modo como a experiência se forma e são vistos como radicados no corpo, expressando-se somaticamente.

Denominamos essa unidade corpo/psique de corpo-imagem--em-interação, uma expressão de aspecto fenomenológico-metafórico, para nos referir àquele que engendra os andamentos da vida; uma expressão construída à luz do princípio junguiano de processo de individuação.

Utilizando os estudos de Daniel Stern, comparamos as noções dos arquétipos de Jung aos seus conceitos dos "sensos" presentes no desenvolvimento corpóreo-emocional. Alguns desses sensos seriam: o "senso de agência", que está relativo às polaridades existenciais do movimento e do repouso absoluto, da experiência que se dá entre interior e exterior; o "senso de coesão", a vivência da integridade/fragmentação corporal, da experiência da unicidade e da pluralidade do si-mesmo; o "senso de continuidade", a associação/dissociação, a experienciação do viver, a presença/fuga, a memória/esquecimento, o continuar sendo e o findar-se; o "senso de afetividade", a ligação com as particularidades dos acontecimentos, o apreço por si e pelo outro; o "senso de um eu subjetivo", a intersubjetividade do encontro/desencontro com o outro, a não solidão, a transparência psíquica; o "senso de criar organização", a vivência da forma e do caos; o "senso de transmitir significado", a força da inclusão/ exclusão, a socialização, a validação do conhecimento pessoal (Stern, 1992, p. 4-5).

A visão de Stern acerca do desenvolvimento emocional ilumina de um modo muito profundo o indivíduo em ação. Para ele, assim como para Jung, importa partir sempre da experiência de um senso de eu e de um senso do outro. Segundo Stern:

> [...] os bebês começam a experienciar o senso de um eu emergente desde o nascimento. Eles estão predispostos a terem consciência dos processos auto-organizadores. Eles jamais experienciam um período de total indiferenciação eu/outro. Não há confusão entre eu e outro no começo ou em qualquer ponto durante o período de bebê. Eles também estão predispostos a serem seletivamente responsivos a eventos sociais externos e jamais experienciam uma fase tipo autista (Stern, 1992, p. 7).

Podemos entender que essa individuação tende a ocorrer aos trancos e barrancos, caracterizando-se, quando afirmativa, pelas mudanças qualitativas e se dando em saltos quânticos. Como o devir nietzschiano, a individuação assemelha-se à possibilidade de um sempre-radicalmente-novo, percebido como uma constante formação daquilo que está acontecendo no espaço interno da psique em interação com o que se dá na esfera externa.

Podemos pensar a individuação como andamentos possíveis de uma *autopoiesis*, no sentido dado por Francisco Varela e Humbertho Maturana: um sistema hábil na perspectiva da autonomia. Ou podemos ainda agregar a visão de Rupert Sheldrake, quando fala do processo formativo num campo organizacional, da autoconstrução na interação. A autopoiese e o processo formativo são predisposições aos acontecimentos do campo do amor, do campo onde se forma e se é formado (Maturana & Varela, 1995; Sheldrake, 1987).

Na linha da individuação, nascer é sempre preciso, nascer e ser, nascer e nascer de novo. Seriam acontecimentos que se dão entre o polo do prazer e da dor, na intenção direta dos acolhimentos possíveis. Haveria, portanto, nos caminhos desses desenvolvimentos, um corpo: vivido como um processo organizador capaz de transcender sua própria natureza através da relação consigo mesmo e com o outro; produzindo movimentos e desdobramentos; ocorrido em torno de uma poesia das formas; e que tem como maior tarefa a de estar sempre em construção.

Ampliando a noção de corpo-imagem, podemos vê-lo, na verdade, como um corpo em construção na interação com outros corpos. Vivemos com a possibilidade de afetar e de ser afetado na intensidade da vida. Importante observar que essa continuidade da experiência social não se dá numa espécie de série de comportamentos e habilidades, não funciona como fases progressivas de substituição entre si. Funcionaria no senso de um eu emergente dirigindo-se ao que é objetivo e para as interações sociais, construindo sempre afetos, percepções, sensorialidades, mobilidades, memorialidades, cognições...

E muito mais. A individuação, ao ser acionada, anseia por: rever comportamentos e habilidades; formar subjetividades de um eu na relação com o outro; fortalecer a intencionalidade; avivar a vida afetiva e histórica; agenciar a interpessoalidade; organizar os sentimentos, os motivos, a atenção, as intenções; partilhar ação e conhecimento.

Todos os momentos dos ciclos vitais humanos convidarão ao envolvimento nessa mítica processual: a travessia da infância; as ondas sensoriais da puberdade e adolescência; o corpo heroico da juventude; a adultez ao corpo maduro da segunda metade da vida; e o corpo da finitude.

O Bumba meu boi

Os folguedos populares são os mais importantes produtores de vivências míticas. Trazemos aqui referências das manifestações do Bumba meu boi com a intenção de ilustrar a concepção de vivência mítica, noção fundamental para entendermos os rituais das Folias de Reis.

O Bumba meu boi é um festejo popular feito de histórias de brancos, de ritmos de negros e de danças de indígenas, atuando no entrelaçamento entre o sagrado e o profano, apontando para os contrastes da vida, congregando todos os sujeitos. O Bumba meu boi tematiza a fragilidade humana, exaltando a força animal e chamando a atenção para o indecifrável. Por um lado, a singeleza do vaqueiro nativo que tira a língua do melhor boi do patrão para atender ao desejo da mulher grávida; por outro, a força animal, o boi que encanta, nutre, deixa-se tomar e ressuscita, se for o caso (Oliveira, 2014).

Muito se pode dizer a respeito desse folguedo para apresentá-lo na perspectiva de uma vivência mítica, de uma "terapia de rua", como costumamos seriamente brincar.

A vivência mítica do Bumba meu boi nos conta a história da relação entre um homem e um boi, mediatizada pela dança e pelo canto. Remete-nos, como manifestação artística, às origens do gênero dramático, mais precisamente às festividades em honra de Dioniso. Coloca-nos entre o corpo-experiência e o corpo-social, onde há sempre uma morfologia plásmica, um magma arquetípico em via de constelar pessoalidade.

Muito intensa é a experiência ética associada às manifestações do Bumba meu boi. Nos seus participantes, costuma provocar sentimentos ligados à resistência daquilo que se impõe ao sujeito, entusiasmando-o a se desvencilhar de imagens clichês e a incluir gestos significativos do passado. Há um impulsionamento para a formação de valores de novas espiritualidades: uma mudança na maneira como nos vemos, como avaliamos o mundo e como nos implicamos nele; uma proposição para a formação da alegria de viver.

Nessas experiências de corporalidade emocional, passam-se dinâmicas do nascimento e da morte, do belo e do feio, de deus e do diabo, da fatiga e do êxtase, do limite e da potencialidade criativa, da fragilidade e da força titânica, da incapacidade e da habilidade, da aceitação e da luta, do cuidado das feridas vivas. A vivência mítica nessa perspectiva implica a construção de uma cultura da autorregulação e da habilidade para a ressonância com outros corpos. Nessas manifestações artísticas, o que importa é a criação de recursos e potências diante do coletivo, reforçando o apreço ao bem comum e à autonomia pessoal.

O Bumba meu boi, especialmente, é um festejo popular construído por histórias de brancos, ritmos de negros e danças de indígenas. O Bumba meu boi nasce, cresce e se amplia a partir de várias festas coletivas: reinados, ranchos, bailes e danças populares. Estima-se que nasceu no Nordeste, a partir das camadas pobres, de escravos, agregados de engenhos e fazendas. Trata-se de uma "espécie dramática proveniente dos mistérios e moralidades", com "inúmeras versões do imaginário coletivo", ligado às "circunstâncias histórico-sociais do ciclo do gado, do latifúndio", representa "um elo entre o passado e o futuro" (Borba Filho, 1966, p. 29).

O Bumba meu boi antecipou-se em séculos ao teatro anti-ilusionista de Brecht, por exemplo, numa verdadeira teatralização do teatro: a ação não acontece mais neste ou naquele lugar imaginário, mas no próprio lugar da função. Fundem-se realidade e imaginação (Borba Filho, 1966, p. 47).

O Auto do Bumba meu boi tem extraordinária plasticidade, grande capacidade de refletir símbolos do inconsciente coletivo e penetração social intensa. Foi o primeiro a penetrar nas culturas indígenas, nos Timbiras do Maranhão, e chegou até o Sul do país pela memória fiel dos nordestinos emigrados.

Por nós organizado, a partir de recolhimentos feitos nas diversas brincadeiras de boi feitas pelo Núcleo de Cultura Popular Céu na Terra e nas minhas visitas aos rituais do boi, cultivados ritualmente há anos por Mestre Apolônio e por Humberto Maracanã, em São Luís do Maranhão, aqui o apresentamos em um dos modos de se contar o auto:

Catirina está grávida e, como toda boa grávida, tem desejos. Ela aparece com o desejo nada normal de comer a língua de um boi, e não de um boi qualquer, mas a língua do boi preferido do patrão.
Pai Francisco, pressionado pela mulher, vive lamentando a sorte de precisar cometer o crime de machucar o boi preferido do patrão. Mas, finalmente, decide abater o boi e tirar-lhe a língua para satisfazer o desejo de sua mulher. Na calada da noite, mesmo morrendo de medo, rouba o boi e conclui a matança para tirar a tão desejada língua do boi. Porém, é visto, denunciado e preso pelo capataz da fazenda para apurar o caso. Jura que não foi ele, mas suas

negativas não convencem ninguém. Ele precisa dar conta do boi vivo, senão será morto.

Sendo uma pessoa muito querida entre todos, é ajudado a salvar o boi que agoniza lentamente. São chamados os pajés e os doutores, que por fim depois de muitas mandingas e cuidados ressuscitam o boi. Uma alegria enorme toma conta de todos, o boi está salvo; Pai Francisco está livre; os cantadores tocam lindas toadas. E todos – os índios, os caboclos, os vaqueiros, o patrão, o capataz, os animais, os pajés, os doutores, Catirina e Pai Francisco – cantam e dançam em torno do boi renascido. O boi, por fim, retoma seus movimentos e passa a dançar muito maravilhosamente.

> Observando-se, também, o desfecho do conflito do Auto do Bumba meu boi, constata-se que ele se configura como elo entre o passado e o presente. [...] Embora se projete carregado de conflitos, cujo motivo é o desejo de Mãe Catirina, o núcleo problemático do enredo, seja com a punição seja com a conversão dos culpados, faz triunfar os valores ideológicos do amor, da pureza dos sentimentos, valores esses mediatizados por uma linguagem simples e bem-humorada, tal qual faz o drama moderno [quando colocado diante dos] conflitos de interesses, paixões e caracteres exacerbados no estilo trágico e ridicularizados no modo cômico [...] encontram seu ponto de equilíbrio, manifestando que a realidade existencial é um misto de sorriso e lágrimas (Passos, 2007, p. 5).

Aplicando sobre as manifestações do Bumba meu boi um olhar psicomitológico inspirado na psicologia analítica, podemos observar lugares de nossa psique coletiva. Podemos, por um lado, ver nele a fragilidade humana, a singeleza do vaqueiro nativo que tira a língua do melhor boi do patrão para atender ao desejo da mulher grávida; se não o fizer, o filho nascerá com a cara de boi ou com a língua do animal dependurado ou ainda com o rabo do novilho; o próprio Pai Francisco seria atacado por furúnculos, geralmente nos olhos, que só sairiam com o atendimento de um novo pedido. A gravidez é, por excelência, vida, saúde, nascimento.

Por outro lado, podemos ver a força animal, um boi que encanta, nutre, deixa-se tomar e ressuscita, se for o caso. Tendo como referência a cultura andina, há por lá um ritual de sacrifício da lhama branca em homenagem à *Pachamama*, por ocasião do plantio, indicando uma mediação entre morte e vida.

Duas letras de toadas de boi compostas por Luzia Mendonça e Daniel Fernandes, integrantes do Núcleo de Cultura Popular Céu na Terra, apoiam aqui essa ilustração do boi:

> *Ê Boi*
> *de Luzia Mendonça*
>
> Ê Boi, lá vai, lá vai brincar.
> Que a dona da casa já deu a licença.
> Lá vai, lá vai meu Boi brincar.
>
> Ê Boi, lá vai, lá vai brincar.
> Dança no terreiro que hoje é lua cheia.
> Lá vai, lá vai meu Boi brincar.
>
> *Guarnicê Largo das Neves*
> *de Daniel Fernandes*
> No Largo das Neves.
> Quando a noite é de luar.
> O céu na terra guarnece.
> Traz o seu Boi *pra* brincar.

Vaquejada, prepare o tambor.
Morena, limpe o terreiro.
Que a lua já brilhou.
No maracá e no pandeiro.
No bairro de Santa Tereza.
Quem quiser que venha ver.
A beleza do meu batalhão.
Cantando o seu guarnecer.

* * *

No Bumba meu boi, intermediando os contrastes, há a figura do cazumba, um personagem que costuma estar à frente nos cortejos e em volta nas rodas de boi. Ganha marca sua movimentação misteriosa, ambígua, grotesca, cômica, mascarada e sempre em forma de jogo. Sua *performance* está sempre amparada no princípio do compartilhar; ele se apresenta sempre tendo em consideração as reações do outro à sua imagem. Ele é dúbio, é demoníaco. Compõe-se por um excesso de indumentária, por um vantajoso traseiro, por uma careta animalesca, por um movimento intrigante em todo seu corpo. Ri de forma desconcertante e divertidamente convida à transgressão. Assombrar, em função de suas brincadeiras, evoca vivacidades em quem o representa, o cazumba e em quem o acompanha. O Cazumba palhaço!

Segundo Juliana Manhães, o Cazumba do Bumba meu boi está sempre "relacionando sua imagem ao sagrado, ao grotesco, às representações arquetípicas que vão do riso ao sobrenatural, ocupando um lugar mistificado na brincadeira" (Manhães, 2014, p. 81). E acrescenta, dizendo-nos que:

> [...] o jogo é parte intrínseca da *performance* [do cazumba] porque ele cria o "como se", a arriscada atividade do fazer-crer. No momento da brincadeira todos os brincantes acreditam e vivem aqueles personagens como se fossem eles, o brincante tem consciência de sua representação, mas se confunde com esse "outro" até no cotidiano. [...] A pessoa para ser cazumba precisa "vestir" a sua roupa e careta e nesse "outro corpo" encontra a sua potência para a brincadeira, as suas marcas pessoais para sua dança e jogo (Manhães, 2014, p. 91-92).

O cazumba veicula, anda, nunca conclui, aviva. O conjunto de suas imagens e manifestações é da ordem do inconsciente coletivo, do impensado. É possível associá-lo a outras tantas entidades míticas, especialmente às do candomblé e da umbanda. Segundo Manhães:

> [...] a encruzilhada é um lugar onde pontos se convergem, se encontram, local de fronteiras, de transitoriedade. Iremos comparar a *performance* do cazumba à encruzilhada como um espaço que tem o compromisso com a sua liberdade, e que a partir do ritual e da brincadeira faz da sua transgressão um ato compreendido, como já mencionei sobre a figura do cazumba.
>
> [...]
>
> O cazumba, [como o Exu], é aquele que também pode conviver com suas normas de maneira amena, de modo que dentro da roda e durante as festividades ele não é levado muito a sério, podendo fazer o que tiver vontade, aproveitando-se de suas emoções para ludibriar as pessoas

presentes, é um personagem que pode abusar de sua indisciplina, zombando de todos, mas que, mesmo assim, sempre estará ocupando o lugar de iniciar a brincadeira do boi, abrindo a roda para todos os personagens que vêm a seguir (Manhães, 2014, p. 97-98).

Além do mais, falando de sua própria experiência como cazumba, Manhães esclarece sobre o lugar intermediário que ele ocupa; um lugar que se encontra, ao mesmo tempo, com a morte e com o renascimento. O cazumba espalha igualdades, espalha o tempo fora do tempo, espalha sentido único e pleno. Ele é um zumbi, uma alma, um espírito, um ancestral, um deus, um mito que atravessa e convoca quem está por perto. É uma figura que tem um leque amplo de símbolos, mas traz por excelência o valor da irmandade, tudo em sua brincadeira busca a interação, busca parceiros (Oliveira, 2014).

> O fato dele "abrir" a roda, iniciando e puxando os outros personagens que vão entrando em seguida; a questão da sua individualidade dentro do coletivo, já que cazumba anda sempre em bando; a possibilidade em transitar espacialmente dentro da roda da brincadeira e seu jeito de ser despertando personalidades que vão desde o palhaço ao feiticeiro, entre os arquétipos do "bem e do mal". Sua marca está na diversidade, representada pelas variadas facetas da sua personalidade advinda de um coletivo riscado na força do indivíduo (Manhães, 2014, p. 102).

A vivência mítica das Folias de Reis

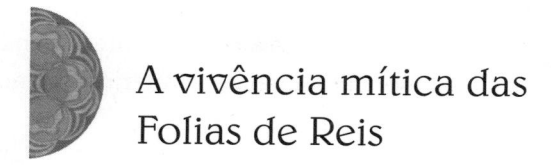

A Folia de Reis na cultura popular brasileira

Tidas como de origem portuguesa, as Folias de Reis chegaram ao Brasil em seu período colonial "se manifestando a partir de diversos títulos: Terno de Reis, Tiração de Reis, Rancho de Reis, Guerreiros e Reisado" (Instituto do Patrimônio Histórico Nacional, 2024).

Incorporadas pelos escravizados, muito provavelmente por meio da catequese jesuíta e desenvolvida ao longo dos últimos três séculos, as Folias de Reis tornaram-se uma tradição na cultura popular. Estão presentes nos estados do Espírito Santo, Minas Gerais, São Paulo, Rio de Janeiro, Alagoas, Bahia, Ceará, Maranhão, Paraíba, Pernambuco, Piauí e Goiás. Em Minas Gerais, com mais de mil grupos, as Folias são consideradas patrimônio cultural de natureza imaterial.

As Folias traduzem-se em manifestações das tradições populares, caracterizadas por uma série de jornadas às casas de simpatizantes e/ou *devotos dos Santos Reis*, no período natalino, conclamando à experiência da *criança divina*. Trata-se de um ritual que percorre um caminho de noite e de dia, um *jornar*[5] de um caminho sagrado, fundado na mitologia cristã, articulado entre o rito e o mito, entre o passado e o presente, atuando por meio de visitações a moradias, igrejas, cemitérios, currais, roças...

Nessas visitas, muitos foliões e seus visitados acreditam estar reproduzindo a viagem de adoração dos reis magos, celebrando a chegada de uma nova era em torno da evocação da imagem do nascimento de um, tendo como sequência uma anunciação, uma viagem, uma visita e uma volta. Uma das versões a respeito das promessas dos foliões de reis diz respeito ao ritual do presentear e saudar o menino-divino.

O Auto dos Reis Magos revela-se uma narrativa mítica, contada e recontada na grande palestina das últimas décadas, ou até séculos, antes de Cristo, e que foi, por fim, imortalizada pela poesia de Mateus, o evangelista, no Novo Testamento da Bíblia. Ei-lo.

> Tendo nascido Jesus em Belém da Judeia no tempo do Rei Herodes, alguns magos do Oriente chegaram a Jerusalém e perguntaram: "Onde está o rei dos judeus, que acaba de nascer? Vimos sua estrela no Oriente e viemos adorá-lo". Ao ouvir isso, o Rei Herodes ficou alarmado e com ele toda Jerusalém. Reuniu todos os sumos sacerdotes e os escribas do povo, e começou a perguntar-lhes onde deveria nascer o Cristo. "Em Belém da Judeia – responderam eles – pois assim foi escrito pelo profeta: E tu, Belém, terra de Judá, de forma alguma és a menor das sedes distritais de Judá, porque de ti sairá um chefe que apascentará meu povo Israel".

---

5. Uma jornada.

> Herodes chamou, então, secretamente os magos e informou-se com eles cuidadosamente sobre o tempo exato em que a estrela tinha aparecido. Depois, mandou-os a Belém e disse: "Ide e investigai bem sobre o menino e, quando o tiverdes encontrado, comunicai-me, para que eu também possa ir adorá-lo". Tendo ouvido o rei, eles partiram. E a estrela, que tinham visto no Oriente, ia à frente deles, até parar sobre o lugar onde estava o menino. Quando viram a estrela, encheram-se de grande alegria. Ao entrar na casa, viram o menino com Maria, sua mãe; e, prostrando-se, o adoraram. Abriram seus cofres e lhe ofereceram presentes, ouro, incenso e mirra. Depois, avisados em sonho para não voltarem a Herodes, retornaram para sua terra por outro caminho (Mt 2,1-12).

Essa linda história veio, desde sua época, sendo contada e recontada. Os evangelhos apócrifos apresentaram um pouco disso, acrescentando à mítica os nomes dos reis magos, por meio de uma coletânea de textos, anônimos, veiculados séculos depois desse relato de Mateus:

> Um anjo do Senhor foi depressa ao país dos persas para avisar aos reis magos e ordenar a eles de ir e adorar o menino que acabara de nascer. Estes, depois de ter caminhado durante nove meses, tendo por guia a estrela, chegaram à meta exatamente quando Maria tinha dado à luz. Precisa-se saber que, naquele tempo, o reino persiano dominava todos os reis do Oriente, por causa do seu poder e das suas vitórias. Os reis magos eram três irmãos: Melquior, que reinava sobre os persianos; Baltasar, que era rei dos indianos; e Gaspar, que dominava no país dos árabes (*Evangelho Armênio da Infância* 5,10)[6].

---

6. Trecho localizado na Bíblia Apócrifa (2025).

Nas narrativas dos magos, essa poética se refere a um enredo operando um movimento que implica: o estrangeiro, rejeitado, marginalizado, excluído; a singeleza de um estábulo humano, com animais e pastores; um menino nascido, tido como um menino Deus, acompanhado de seus pobres pais.

A devoção popular aos chamados *Reis Magos* originou muitas *vivências míticas*, fez surgir os *Santos Reis*. Esteve presente desde a Idade Média na Europa. No Brasil, foi absorvido pela artesanalidade de nossa sociedade colonizada e escravizada, a partir das manifestações da cultura popular portuguesa para cá trazidas. E por aqui, recriadas em Reisados, Boi de Reis, Pastorinhas, Boi de Janeiro e Folia de Reis.

Residem na base da experiência dos grupos de foliões, a música, os músicos. Tocam-se instrumentos também por aqui recriados e confeccionados artesanalmente, são eles: os tambores, os reco-recos, os ganzás, as flautas, a rabeca, a viola caipira, a sanfona e outros... Muitas canções são compostas e espalhadas para outras folias, quase sempre com o tema mítico da história dos *Santos Reis*, mas também outros temas de inserção religiosa, fazendo dessa uma prática referida a um certo catolicismo não sacerdotal, preto e popular. Só recentemente tem sido admitida sua *chegança* nos templos católicos.

As canções que fazem parte da experiência das Folias são, portanto, muitas delas sobre temas religiosos, tocadas nos momentos de reverência. Mas estão nelas também presentes os momentos festivos dos sambas de roda, da moda de viola, das congadas, do cateretê...

As Folias de Reis, quando realizam suas jornadas, estão, então, a ritualizar-se, autocriando a oportunidade de uma vivência mítica para quem pratica levando a Folia e para quem participa recebendo a visita dos foliões. O ritual costuma ser veiculado por um cortejo de humildes requerentes, que anualmente se põem a cantar, tocar e dançar essa religiosidade referida aos magos. Eles vão de porta em porta recontando essa história de maneiras repetidamente variadas. Em suas andanças, relacionam de maneira intensa o tempo passado, o presente e o futuro, criando uma jornada ritual sagrada que insiste em anunciar novas eras: imediatas, nos ganhos possíveis de saúde; ou como perspectiva, naquilo que a vida poderá vir a se tornar.

Wagner Chaves, estudioso das Folias, destaca a presença da estrela, aquela que guiou os *magos* na direção da cidade de Belém à busca do menino nascido. Ele se refere a alguns foliões que vivenciam o momento da estrela naquele momento em que passam a caminhar juntos, quando começam a jornada. Refere-se também, por meio de alguns relatos por ele colhidos, a uma associação que os foliões costumam fazer entre os "personagens e ações do princípio com as circunstâncias do presente". A vivência mítica aí promovida conclama todos os partícipes a associarem a narrativa à própria experiência, "articulando e estabelecendo continuidades entre os reis e sua vida", incorporando no ritual "elementos do contexto, aproximando mito e presente, princípio e hoje" (Chaves, 2014, p. 78-79).

Há um dia em que a jornada é finda e os foliões voltarão para casa. Para Chaves, essa volta presencia o "tempo mítico dos reis e o tempo do rito, do giro dos foliões" (2014, p. 84). Acredita Chaves que a saída das folias costuma presentificar um dos momentos mais intensos da dimensão religiosa da manifestação.

> E, ao final, depois da festa, os reis retornam, juntos [numa versão], ou separados [em outra versão] para suas terras. Os foliões também, terminado o giro com a festa na casa dos

imperadores, voltam às suas casas e à rotina da vida diária até que para o ano, novamente, são convocados para mais uma folia de reis, ocasião em que esse mundo de relações é recriado e uma vez mais, vivenciado (Chaves, 2014, p. 86).

A ampla e viva etnografia trazida por Chaves apresenta os foliões como contínuos significadores de suas práticas, recolhedores dos saberes fragmentados que daí vêm ambientando uma perspectiva criativa da vida. Diz ele que:

> [...] observando as versões como um todo, percebemos que cada uma é ao mesmo tempo única, distinta – construindo ênfases próprias, condensando passagens ou desenvolvendo outras, acrescentando detalhes narrativos e combinações – e a mesma – trabalhando com os mesmos personagens, sequências, formas e intenções narrativas. Cada relato, assim, paradoxalmente, é único e o mesmo. O mito de origem da folia, assim entendido, é o dispositivo que conecta mundos, relaciona temporalidades, revelando-se ainda como o fundamento de práticas, símbolos e relações que fazem da folia um evento ritual (Chaves, 2014, p. 87).

* * *

A Folia de Reis, esse auto folclórico, esse folguedo popular, é visto por Carlos Brandão como "um espaço camponês simbolicamente estabelecido durante um período de tempo igualmente ritualizado, para efeitos de circulação de dádivas – bens e serviços". Trata-se, para ele, de uma prática que reconstrói simbolicamente o ambiente de convivência na própria coletividade por meio de um ritual religioso que estabelece um diálogo bem-marcado entre o grupo de foliões, as pessoas que recebem a Folia e toda a comunidade que acompanha. Nesse ritual, pedir e oferecer, aceitar e retribuir faz parte do caminho por onde se veicula o procedimento da "dádiva" ou do "dom", reconhecível nos modos de portar-se de povos originários e daqueles que se organizaram sem a presença de modos capitalistas de troca (Brandão, 1981, p. 25).

O que fazem as Folias é mover-se em torno de um tempo de passagens rituais entre os homens e as dádivas:

> [...] um jogo cujas próprias coisas dadas ganharam o poder de determinar parte das regras das trocas, porque nelas mesmas existe e se manifesta o poder da doação e da reciprocidade. O valor da dádiva está em que são elas as que articulam relações entre os que as fazem circular: em seu próprio nome, no de seu povo ou nos seus deuses. Parceiros obrigados a trocas de dons e contradons, trocam com eles gestos de reconhecimento, afirmações de respeito e de gentileza e, de certo modo, doam-se a si próprios (Brandão, 1981, p. 31).

Brandão, em sua riquíssima etnografia em Minas e Goiás, agrega-nos alguns estudos a respeito de outros elementos conhecidos das Folias: os *Palhaços*. Essas figuras, tendo em vista o auto mitológico cristão da viagem dos reis magos, estariam sempre ao redor do grupo de foliões, representando, em algumas Folias, os protetores em relação à figura do Rei Herodes e de seus soldados, tidos como símbolos da perseguição insistente aos *reis magos* como franca hostilidade à busca do menino Deus. Em outras tantas Folias, os *palhaços* costumam acompanhar os foliões todo o tempo, em contraste com eles: "não entram na casa enquanto há 'cantoria'; ficam de fora correndo atrás de crianças e de cachorros; debocham das pessoas, do dono da casa e mesmo dos foliões". Podem também: se fantasiar, não cantar, ser grotesco, não rezar, conversar com o dono da casa por meio de versos provocadores. Para essas Folias, os palhaços são personagens fundamentais no ritual. "Eles são o Herodes, perseguem os foliões, são parte nuclear do ritual e, no dia da festa, arrependidos e solenes, convertem-se [...] aos foliões, diante do altar" (Brandão, 1981, p. 31-33).

> Assim, na figura de um personagem que encerra provisoriamente o anti-ritual, realiza-se um ritual às avessas: com falas profanas onde havia uma cantoria religiosa; com palavras de deboche onde havia trocas de reconhecimento e deferência; com dádivas negadas de parte a parte, onde elas foram, antes, ofertadas de uma parte à outra (Brandão, 1981, p. 33).

Brandão vai além em sua análise, trazendo um clamor ético. Evoca Marcel Mauss e, em nome dele, atribui às Folias de Reis sua visão a respeito das manifestações culturais de grupos e populações que empreendem essas espécies de artesanalidades.

> Todas essas sociedades estão ou estavam longe de nossa unificação e da unidade que uma história insuficiente lhes empresta. Por um lado, no interior desses grupos, os indivíduos, mesmo grandemente destacados, eram menos tristes, menos sérios, menos avaros e menos pessoais do que o somos; exteriormente pelo menos, eram ou são mais generosos, mais abertos do que nós. Quando, por ocasião de festas tribais, de cerimônias de clãs em confronto ou de famílias que se aliam ou se iniciam reciprocamente, os grupos se visitam; mesmo quando em sociedades mais avançadas – quando a lei da "hospitalidade" se desenvolveu – a lei das amizades e dos contratos com os deuses veio assegurar a "paz dos mercados" e das aldeias; durante todo um tempo

considerável e em número considerável de sociedades, os homens abordaram-se em um curioso estado de espírito, de temor e hostilidade exagerados e de generosidade igualmente exagerada, mas que são absurdos apenas a nossos olhos. Em todas as sociedades que nos precederam imediatamente e que ainda nos cercam, e mesmo em numerosos costumes de nossa moralidade popular, não há meio-termo: confia-se ou desconfia-se inteiramente; depor as armas e renunciar à magia, ou dar tudo; desde a hospitalidade fugaz até filhas e bens. Foi em estados desse gênero que os homens renunciaram a seu ensinamento e aprenderam a empenhar-se em dar e retribuir (Mauss citado por Brandão, 1981, p. 33).

Há estudos que compreendem os palhaços de Folia, criados na tradição dos grupos foliões, pelas matrizes culturais africanas da história das Folias. "As celebrações dos negros nas procissões, o mascarado que tem parte com o Exu e o amarrado da sua dança, no verso e na música, são sinais da resistência e dos silêncios das culturas africanas encontrados na *performance* do palhaço da Folia brasileira" (Neder, 2013, p. 48-49).

* * *

Em estudo recente a respeito das Folias de Reis, Wagner Chaves aborda o aspecto da afinação dos instrumentos como momento ritual dos foliões, voltado para os eventos religiosos e festivos das Folias de Reis da Taboquinha, São Francisco, Minas. O autor apresenta, nesse artigo, o encaminhamento ritual que se dá no momento da afinação. Ele entende essa prática como coletiva, "realizada na interação entre pessoas por meio de uma economia expressiva e comunicativa, envolvendo gestos, objetos, movimentos corporais, olhares, palavras e sonoridades" (Chaves, 2021, p. 5). O corpo realmente fala na Folia, agrega Gilmar Rocha, estudando Gilbert Durand.

> Minha hipótese é que, por trás do sistema da dádiva [das Folias], haverá uma economia simbólica dos gestos que lhe dá "corpo". Afinal, [...] "acredito firmemente que a primeira 'linguagem', o 'verbo', é expressão corporal" (Rocha, 2016, p. 541).

Indo para além da afinação como acertos e combinações de sons, Chaves nos fala da maneira de afinar, dos acontecimentos durante a realização da afinação e de seus efeitos: os vínculos construídos com todos os outros aspectos do ritual em torno da afinação. Para Chaves, "a afinação é uma espécie de 'rito de passagem' relacionado ao círculo de movimentos dos foliões: de fora para dentro de uma casa a ser visitada, do exterior e do interior". "A rigor", diz Chaves, "nessa localidade nenhuma nova visita é iniciada sem que antes os foliões tenham se reunido e juntos, como dizem, acertado (demoradamente) as violas, rabecas, violões e caixas" (Chaves, 2021, p. 5).

Estudando pensadores da afinação na perspectiva dos registros de experiências sonoras e estudiosos da comunicação humana, esse autor evidencia a ligação entre o fazer música e a construção de elos nos relacionamentos de quem ali participa. "A sintonia criada no fluxo das interações [...], ao intensificar a experiência de coletividade ('nós'), parece produzir uma 'orquestração interpessoal' ou 'integração social'" (Chaves, 2021, p. 10).

Podemos ver essa sintonia como qualidades virtuosas emocionais-relacionais em intenso burilamento na alquimia da vida vivida na Folia. Uma corpóreo-espiritualidade em alto nível de vicejo: aquela corporalidade na qual nunca se é um mero corpo, e sim um evento corpo-psíquico capaz de transcender sua própria natureza por meio de um afinar da relação consigo mesmo e com o outro; uma demarcação do desejo pela vida, no espírito humano; uma alma presentificada e em contínua construção na interação com outros corpos.

No acontecimento da afinação, haveria transformações significativas no modo de se estar na vida, nos meandros dos relacionamentos e no "padrão emocional dos participantes". A ideia do valor do engajamento atravessa essa observação, o que significa estar "diante de processos transformacionais" se dando ao redor de uma "metacomunicação": aquela que contempla a qualidade nas relações. O afinar é visto como um caminho de comunicação que anseia pelas "potencialidades da própria comunicação" (Chaves, 2021, p. 10-11).

> Desse modo, afinar revela uma dupla natureza: de um lado, seu propósito é criar ordem, estabilidade, integração e coesão a partir de um ideal sonoro de equilíbrio. Afinal, como dizia o saudoso *folião*, "o som de um instrumento não deve roubar o som do outro"; além disso, afinar também é lidar com o desconhecido, com o perigo e com o mal que sempre está à espreita (Chaves, 2021, p. 19).

Inspirado no estudo da afinação das Folias, de Chaves, pode-se pensar os andamentos dos "riscos, ameaças e perigos" sempre presentes do ponto de vista das interações; e também refletir sobre a perspectiva de a afinação ser dirigida pela busca da afirmação da vida. Chama ele atenção, no Auto da Folia, na narrativa mítica dos *reis magos*, do mitologema de terem "que lidar com o mal personificado na figura de Herodes, cuja intenção era perseguir e matar" o menino Deus. Os participantes das Folias se relacionam, muitas vezes intensamente, com essas "forças durante os *giros*". Essas forças, "feitiços", dizem respeito à possibilidade do desafino dos instrumentos e das vozes; mas "todo feitiço [...] tem um contrafeitiço..." (2021, p. 20).

Wagner Chaves compartilha, muito generosamente, pérolas da experiência de *cura* dos foliões da Taboquinha. Diz ele que:

> [...] é costume nessa região que os *foliões* produzam o chamado *remédio* – um composto de raízes e plantas introduzido em uma garrafa que será usada para colocar a cachaça oferecida para folia. [...] Os *foliões* durante o *giro* só devem beber o preparado, que atua tanto no plano orgânico [...] quanto espiritual (defendendo dos *atrapalhos*, *malinagens* e *feitiços*) (Chaves, 2021, p. 20).

Chaves conclui apontando a afinação como uma prática "que transforma o ambiente e as pessoas". Cria perspectiva de proximidades, de engajamentos e de viabilização de "um sentimento de pertencimento e experiência de coletividade". Prepara-se para o "embate com forças e potências de bem e mal, do puro e impuro, da ordem e desordem, das continuidades e rupturas, das consonâncias e dissonâncias". Para esse estudioso das Folias, afinar é a possibilidade de produzir "informalidade", "descontração", "seriedade" e "concentração", "solenidade e sacralidade". Mas é também "uma empresa arriscada, perigosa, suscetível a inúmeros imponderáveis e 'infelicidades'". *Devir* é aqui uma importante palavra, pode estar se referindo à caminhada na vida, à individuação. No caminho, há sempre a instabilidade se o desafio é colocar valor no interior "em detrimento do [externo]"; embora seja sempre importante, não perder de vista que essa "separação nunca é absoluta", por essa estrada há "fios, ligações, contágios, nexos, mediações e múltiplos entrelaçamentos" (Chaves, 2021, p. 20-21, acréscimo nosso).

Afinar, portanto, é produzir envolvimento, sintonia, orquestração em um mundo atravessado por ameaças, incertezas e riscos. Afinal, como repetia Riobaldo que, no Grande Sertão Veredas, de Guimarães Rosa, andava pelas mesmas regiões por onde caminham os *foliões* que nos acompanharam até agora: "Viver é mesmo muito perigoso" (2021, p. 21).

* * *

As Folias de Reis são associáveis à ação do arquétipo do *jornar*, do estar à procura, em função das caminhadas de casa em casa, pela reverência ritual aos presépios de cada moradia. Dizem respeito ao arquétipo da individuação, pelas muitas voltas da vida individual e coletiva, pela caminhada que vai ao encontro do que não se conhece, pela perspectiva da luta e expectativas de curas, pela constante busca da autonomia e do bem comum, pela propagação da máxima irmandade.

Também impõem, as Folias, o mergulho na vivência do arquétipo do *puer aeternus*. Daquilo que aparece também, de outros modos, nas figuras de umbanda ligadas aos Erês, a Ibeji, a Cosme e Damião. Daquilo que vem em nome da alegria, das brincadeiras e da pureza. Daquilo que é novo. A criança divina, no olhar da psicologia analítica, está relacionada ao núcleo imagístico desse arquétipo, ressoa na perspectiva de mutação, na aspirada futuridade, na autorrealização. Esse ambiente arquetípico, na visão da psicologia de James Hillman, radicaliza-se no interesse pela vivência de um tal estado de totalidade que possa ser mais favorável à vida; esse ambiente busca movimento e transmissão de sentidos.

Para a umbanda os aspectos estéticos e sensoriais associados ao infantil não são acessórios e não há uma oposição entre aspectos do (psiquismo) individual e um (inconsciente) coletivo genérico. Cada manifestação espiritual do infantil transcende a consciência individual, mas comporta uma certa individualidade, propondo-se como uma outra pessoa com uma história singular. A criança celestial da umbanda não se propõe como redutível a uma forma psíquica (arquétipo) genérica (Martins & Bairrão, 2009, p. 47).

* * *

Aqui, em *Morte e Vida Severina*, de João Cabral de Mello Neto, aparece a criança divina de nossa brasilidade.

[...] Compadre José, compadre,
que na relva estais deitado:
conversais e não sabeis
que vosso filho é chegado?
Estais aí conversando
em vossa prosa entretida:
não sabeis que vosso filho
saltou para dentro da vida?
Saltou para dento da vida
ao dar o primeiro grito;
e estais aí conversando;
pois sabeis que ele é nascido.

— Todo o céu e a terra
lhe cantam louvor.
Foi por ele que a maré
esta noite não baixou.

— Foi por ele que a maré
fez parar o seu motor:

a lama ficou coberta
e o mau cheiro não voou.

— E a alfazema do sargaço,
ácida, desinfetante,
veio varrer nossas ruas
enviada do mar distante.

— E a língua seca de esponja
que tem o vento terral
veio enxugar a umidade
do encharcado lamaçal.

— Todo o céu e a terra
lhe cantam louvor
e cada casa se torna
num mocambo sedutor.

— Cada casebre se torna
no mocambo modelar
que tanto celebram os
sociólogos do lugar.

— E a banda de maruins
que toda noite se ouvia
por causa dele, esta noite,
creio que não irradia.

— E este rio de água, cega,
ou baça, de comer terra,
que jamais espelha o céu,
hoje enfeitou-se de estrelas [...]
(Mello Neto, 2010).

Ética, Folia de Reis e psicologia analítica

Estudos de Luiz Antônio Simas e Luiz Rufino, a respeito da cultura popular brasileira, apontam para sua perspectivação do novo, propondo a noção de cruzo. Trata-se de se dar conta da mestiçagem, das encruzilhadas, vividas nas manifestações da nossa cultura mestiça; e de ver nisso, e em seus praticantes, a disposição para viver o mundo a partir de suas incompletudes. Trata-se, por fim, de entender como a diáspora do sincretismo brasileiro anuncia a realidade daquilo que ainda não é, daquilo que é estranho; e como percorrer esse caminho implica uma forma profunda de conhecer e de se desenvolver (Simas, 2022).

O novo aqui nesse contexto está completamente presente. Na abordagem da cultura popular, especialmente as manifestações das Folias de Reis – agenciadas pela religiosidade popular –, o novo aparece e brilha, especialmente por ser uma prática dentro do amplo contracolonialismo histórico.

> Ao analisarmos estas vivências míticas dando-se no manifestar artístico-popular, […] podemos talvez falar […] [de uma] ética [da] resistência ao poder sem legitimidade. A experienciação corporal aqui estaria associada ao que não se impõe ao sujeito […] pretendendo desvencilhar-se

das imagens clichês, ansiando pela inclusão dos gestos de seu passado, querendo-se uma narrativa de si na relação com tudo.

Nas vivências míticas, [...] [estaria em propensão] a apropriação das experiências corporais na perspectiva de uma nova espiritualidade, aquela que nos faz mudar a maneira como nos vemos, como avaliamos o mundo e como nos implicamos nele. [...]

Nestas experiências [...], seriam vislumbradas as dinâmicas do nascimento e da morte, do belo e do feio, de deus e do diabo, da fatiga e do êxtase, do limite e da potencialidade criativa, da fragilidade e da força titânica, da incapacidade e da habilidade, da aceitação e da luta, do cuidado das feridas vivas. A vivência mítica nesta perspectiva implicaria a construção de uma cultura da autorregulação e da habilidade para a ressonância com outros corpos (Oliveira, 2008, p. 13).

* * *

A perspectiva ética da psicologia analítica, vista como uma antipsiquiatria amorosa ou como teleologia libertária, por Nise da Silveira e Leonardo Boff, tem como conceitos centrais: a noção de individuação e a noção de si-mesmo, o caminhar humano dos desenvolvimentos e a construção de conhecimentos em relação à vida. Trata-se de uma caminhada em busca de uma unicidade reguladora, por um lado. Por outro, a busca por uma multiplicidade autorregulável da vida. O si-mesmo aponta para a singularidade, para aquilo que é visto como potencial, para o que ainda não foi vivido, para a mais pessoal *imago Dei* (Oliveira, 2021).

O si-mesmo, na psicologia analítica, é visto como um centro da experiência psíquica coletiva, o mais profundo do si próprio. E, aparentemente controverso, o si-mesmo é o lugar-experiência central do inconsciente coletivo.

Propomos, sempre que tematizamos em torno da noção do si-mesmo, uma ampliação dessa definição em que possa caber também aí um *outro-mesmo*. Assim, o si-mesmo seria visto como a possibilidade do outro em si. O si-mesmo seria, assim, visto como um arquétipo da comunhão, compelindo-nos ao mais humano, ao mais fraterno!

Para Jung, sempre se fez necessário ligar estados psíquicos e moralidade. Ele acredita "firmemente no poder e dignidade do intelecto, mas somente se ele não violar os valores do sentimento" (OC 17, § 183). Compreendeu isso quando, em sua visita aos *Pueblos*, povo originário do México, um xamã apontou o problema do intelectualismo europeu. O pensamento do Ocidente colonizador não utilizava o *coração* para apreciar o homem e o mundo. Jung dizia mesmo que "a atitude moral é um fator real que o psicólogo deve levar em consideração, se não quiser cometer os mais graves erros" (OC 8/2, § 686).

Segundo Barreto, quando Jung se refere à "tomada de consciência de quaisquer fatores inconscientes", ele estaria sempre referendando que a consciência moral e o autoconhecimento são aspectos fundamentais da sua compreensão do funcionamento da psique.

> Lembrando que para Jung o autoconhecimento "nada tem a ver com o conhecimento subjetivo que o ego tem de si", e que é "um estudo difícil e moralmente exigente", podemos então perceber como a primazia do "fator moral" segundo Jung está indissoluvelmente vinculada

> às duas noções básicas em torno das quais se organiza o campo psicoterapêutico na psicologia analítica: as noções mutuamente remitentes de individuação e de Si mesmo. Se definirmos a individuação como a realização do Si mesmo, em suas múltiplas instâncias – o que implica entendermos o Si mesmo no sentido lato, como a totalidade da psique –, então é perante tal realização que se impõe o "dever moral" a que Jung se refere, e é por isso que ela é uma realização moral (Barreto, 2009, p. 96).

A rigor, Jung partiu da intensa valoração da dedicação ao trabalho de autoconhecimento. São conhecidos os registros de sua *enfermedad creadora* durante o distanciamento que fez em relação a Freud para que pudesse criar suas particularidades de visões acerca da psique e da vida. Para ele, o conhecimento de si era, por excelência, uma confrontação honesta com os valores do inconsciente e da cultura.

> Mesmo aquele que adquire uma certa compreensão das imagens do inconsciente, acreditando, porém, que é suficiente ater-se a tal saber, torna-se vítima de um erro perigoso. Pois quem não sente a responsabilidade ética que seus conhecimentos comportam sucumbirá ao princípio de poder. Disso poderão resultar efeitos destruidores não só para os outros como também para a própria pessoa que sabe. As imagens do inconsciente impõem ao homem uma pesada obrigação. Sua incompreensão, assim como a falta de sentido da responsabilidade ética, privam a existência de sua totalidade e conferem a muitas vidas individuais um cunho de penosa fragmentação (Jaffé, 1982, p. 171).

Em seu prefácio para *Memórias, sonhos e reflexões*, o livro tido como autobiográfico, Léon Bonaventure saúda Jung com pérolas de afirmações nietzschianas, certamente por identificar em Jung um conhecimento e uma conexão fundamental com Nietzsche, o filósofo da ética das virtudes.

> Esperamos que estejamos longe hoje da ridícula pretensão de decretar que o nosso pequeno canto seja o único a partir do qual tenhamos o direito de ter uma perspectiva. [...]
> Essencialmente, trata-se de saber em que medida um julgamento (uma leitura) é capaz de promover a vida, mantê-la e conservar a espécie, e inclusive melhorá-la (Nietzsche citado por Bonaventure, 1982, prefácio).

Em suas referências à psicopatologia, Jung enuncia claramente que as *curas* em saúde mental estão referidas ao modo de viver a vida cotidiana nas relações com o outro humano e não humano.

> Dado que o homem civilizado possui um grau de dissociabilidade muito elevado e dele se utiliza continuamente a fim de evitar qualquer possibilidade de risco, não é garantido que o conhecimento seja acompanhado da ação correspondente. Pelo contrário, devemos contar com a extrema ineficácia do conhecimento e insistir por isso numa aplicação significativa do mesmo. O conhecimento por si mesmo não basta, nem implica alguma força moral. Nestes casos vemos claramente como a cura da neurose é um problema moral (OC 9/1, § 84).

Para Jung, procura-se, no caminho do conhecimento de si, o assumir de si mesmo. Busca-se desenvolver uma espécie de lealdade às experiências de vida, uma virtuosidade na semelhança com a autenticidade. As dissociações da psique só podem ser superadas se se enfrenta a base impossível da vida, as raízes das doenças mentais. A perda do contato com quem se é, no magma da psique, implica uma impossibilidade de afirmar a vida – talvez, o mais importante valor da ação humana. Conscientizar-se de si e transportar-se assim ao mundo representa a possibilidade de encontros afetivo-virtuosos.

O si-mesmo, para Jung, é a experiência mais fundamental do eu-em-si-e-no-mundo. E essa experiência definitivamente não é a mais fácil e automática da experiência humana. No seu pensamento mítico, compara o si-mesmo humano a um pequeno peixe das narrativas alquímicas:

> [...] outra coisa não é senão o peixinho equeneido que não tem sangue nem espinhas e permanece encerrado na região central e profunda do grande mar do mundo. Este peixinho é muito pequeno, solitário e único em sua forma, enquanto o mar é grande e vasto, e por isto aqueles que não sabem em que parte do mar ele habita não podem capturá-lo. [...] Se, entretanto, falarmos em segredo e sem receio de perigos, a um amigo merecedor de confiança, ensinar-lhe-emos o segredo oculto dos sábios, que consiste em saber como capturar de modo natural, rápido e fácil, o peixinho denominado rêmora, o qual é capaz de fazer parar as soberbas embarcações do grande mar oceano (que é o espírito do mundo). [...] Quando é apanhado, de conformidade com a natureza, ele se converte naturalmente em água e seguidamente em terra. Esta, por sua vez, quando devidamente preparada mediante o engenhoso segredo dos sábios, tem o poder de dissolver e volatizar todos os corpos sólidos e purificar [do veneno] todos os corpos venenosos etc. (OC 9/2, § 218).

O peixe redondo surge na simbologia junguiana como um elemento da singeleza do si-mesmo. O peixe se encontra no centro do oceano, se é que se pode ser realmente encontrado. No mar, na *anima mundi*, habita o coração do vasto mar que é capaz de reter grandes embarcações. O si-mesmo trata de ser um "pequeno nada" no imenso mar da psique, só capturável pelo "magneto dos sábios" do sujeito consciente. O magneto representa aquilo que fora transmitida por um mestre ao adepto como único bem verdadeiro e que pode então ser tomado como ponto de partida para encontrar a *prima matéria*, a matéria-prima de si mesmo (OC 9/2, § 219).

Aquilo a que nos referimos mais propriamente como sujeito em psicologia analítica diz respeito ao si-mesmo, ao conhecido *self*. Não se trata de uma centralização do indivíduo, nem faz sentido se referir ao si-mesmo como uma espécie de posse pessoal: o meu *self*. O si-mesmo está associado por Jung à fonte da vida. E a fonte da vida seria o constante emergir dela mesmo. Tudo vivido em função do que vivenciamos na interação com o outro-humano, o outro-natureza, o outro-acontecimento. Ou seja, o si-mesmo está ligado a "tudo que afeta os sujeitos/corpos e suas maneiras de viver nesse mundo". O *self*, para Jung, é a experiência da criação, afinal, como todo o inconsciente.

> Mas podemos dar um passo adiante e dizer que o inconsciente cria também conteúdos novos. [...] Sob esse ponto de vista, o inconsciente aparece como a totalidade de todos os conteúdos psíquicos in *"statu nascendi"* [...] A melhor maneira talvez de compreender o inconsciente é considerá-lo como um órgão natural dotado de uma energia criadora específica (OC 8/2, § 702).

A consciência, para Jung, representa o mais fundamental caminho para a *cura*. "Ali onde não existe o 'outro', onde não existe ainda, cessa toda possibilidade de consciência". Não há consciência sem o outro; a consciência não está restrita ao individual, organiza-se na relação direta com o coletivo (OC 9/2, § 301).

A consciência manifestada como ação, segundo o pensamento mítico de Jung, representa uma "segunda cosmogonia"; está inscrita na genealogia da natureza como história do espírito humano; aparece-nos como um "milagre" criativo na trajetória biológica e política da humanidade (Jung citado por Jaffé, 1982, p. 385). É através da consciência-ação que "o homem encontrou seu lugar indispensável no grande processo do ser" (Jung citado por Jaffé, 1982, p. 295). Para Jung, "o consciente só pode ser considerado como um fenômeno temporário", e isso implica que a dinâmica fundamental da consciência é a da transformação (OC 16/1, § 205).

Os caóticos rumos da vida humana só podem ser alterados pela participação da consciência. O consciente comparece pela ação da perspicácia, da determinação moral e da intenção de transformação. Os tempos pós-modernos trazem uma concepção de moralidade bem diversa daquela que se tornou referenciada por elementos exteriores ao sujeito moral. A contemporaneidade traz uma concepção que anuncia e afirma a autonomia do sujeito em relação aos parâmetros morais vindos de fora dele (Oliveira, 2018a).

Tornar-se consciente é praticar a reflexão na criação de um novo conhecimento de si e/ou do mundo, sempre sem muita definição. Os elementos envolvidos no tornar-se consciente são os limiares energéticos, os sistemas de percepção, os "fenômenos de recepção", os eventos "aperceptivos", tudo que faz possível a apreensão do novo (OC 9/2, § 254). No trabalho do conhecimento de si mesmo, a ampliação do consciente implica a transformação do sujeito. "O processo de desenvolvimento e diferenciação do consciente leva à crucificação do ego", o que implica questionar-se diante das relações (OC 9/2, § 79).

Nos dias atuais, a consciência na relação com o outro é pensada como uma espécie do andamento da *crucificação do ego*, implicando rever as isenções, os descompromissos, os distanciamentos da vida. Segundo Jurandir Freire, essa consciência de si coloca em questão as mídias que, em vez de informar para comprometer, entretêm para vender, manipulam para operar poderio. Criticar sem se implicar, entreter no arremedo, identificar-se com quem não se admira, fazer dos outros heróis e bandidos, evocando sentimentos passivos e inoperantes prepara apegos, aversões, indiferenças traduzidas psicopatologicamente em drogadição, fobias, depressões, em misérias sansáricas (Costa, 2004).

> Tornar-se consciente, portanto, relaciona-se à construção de ética, à resistência aos poderes deslegitimados, ao que não se impõe ao sujeito. Formar consciência, construindo senso de *Self*, pressupõe: desvencilhar-se das imagens clichês; ansiar pela inclusão dos gestos do próprio passado; encontrar formas de narrativa de si na relação com tudo o mais; construir novas identidades mais do que o revelar de uma identidade; caminhar na direção de uma alegria de viver; inverter o espelho das águas narcísicas à contemplação do outro. Na experiência-*Self*, consideram-se as dinâmicas do nascimento e da morte, do belo e do feio, de deus e do diabo, da fatiga e do êxtase, do limite e da potencialidade criativa, da fragilidade e da força titânica, da incapacidade e da habilidade, da aceitação e da luta, do cuidado das feridas vivas. A construção de uma cultura da autorregulação e da habilidade para a ressonância com outros corpos traz à luz a perspectiva de uma essencial construção: o senso de empatia, a compaixão (Oliveira, 2018b, p. 120).

A consciência moral e o autoconhecimento em psicologia analítica são vistos como as disposições para algo "moralmente exigente" (OC 9/2, § 251). A individuação, conforme anuncia Jung, diz respeito a uma realização do si-mesmo, a uma afirmação da potência da vida, muito próxima de como compreendia Nietzsche. A individuação – o crescimento, o amadurecimento – requer, segundo Jung, uma confrontação do sujeito para com as convenções dos códigos morais coletivos.

Não é preciso muita imaginação para ver o que esse envolvimento nos caminhos do mundo significa no sentido moral. Só uma pessoa infantil pode pensar que o mal não está em ação por toda parte, e quanto mais inconsciente ela for, mais o diabo a comandará. Segundo Jung, somente o autoconhecimento na escala mais ampla, lidando com o bem e o mal em perspectiva correta, podendo pesar os motivos da ação humana, oferece alguma garantia de que o resultado final não será muito ruim (OC 9/2, § 255).

A perspectiva correta de Jung não leva exatamente à segurança de uma ação correta; até porque essa perspectiva correta provoca a criação de uma disposição dialógica diante das incertezas. A individuação se dá nas múltiplas relações: com o outro próximo, com todos os outros, com os animais e as florestas, com os rituais, com os não humanos... E isso faz com que a individuação seja prevista como uma caminhada demasiadamente humana. E nessa caminhada não há normas morais e/ou emocionais a serem definitivamente abraçadas.

> A relatividade do "bem" e do "mal" não significa de forma alguma que essas categorias não sejam válidas ou não existam. O julgamento moral existe sempre e em toda parte, com suas consequências características. [...] São os conteúdos do julgamento que mudam, submetidos às condições de tempo e de lugar, e em consequência destes (Jung citado por Jaffé, 1982, p. 285).

Os caminhos da individuação são complexos e atravessados. A individuação diz respeito às linhas coletivas do desenvolvimento humano. Não há certezas.

> Não há conhecimento no mundo que possa provar a "certeza" dessas linhas; o racionalismo, pelo contrário, pode provar facilmente que elas não são certas. Seu valor, no entanto, é atestado pelo extremo *valor vital* dessas linhas. [...] Diz Nietzsche que "toda verdade é sinuosa". Os traçados de vida, portanto, nunca são princípios ou ideais válidos para todos, mas pontos de vista e posições de validade efêmera. A baixa de intensidade vital, a perda sensível da libido, ou ainda uma impetuosidade excessiva indica que o traçado foi abandonado e que se inicia, ou deveria iniciar-se, um novo (OC 7/2, § 493-501).

Nos rituais das Folias de Reis, saem os foliões, os reis magos, à procura do menino Deus, sem saber se vai encontrá-lo. Jung evoca as palavras da alquimia quando comenta comparando o mito dos reis magos e do menino Deus ao arquétipo do si-mesmo:

> Por isso, o onipotente pôs em destaque este [fogo] por meio de sinais notáveis: seu nascimento [de Deus] é anunciado no horizonte de seu hemisfério pelo nascente filosófico. Os sábios magos viram-no [no começo] do éon e ficaram tomados de espanto e logo reconheceram que o rei sereníssimo viera ao mundo. Quando vires sua estrela, segue[-a] até o berço e verás uma linda criança; se removeres a sujeira, presta honras à criança régia, abre o teu tesouro, oferece-lhe presentes de ouro. E assim, depois de tua morte, ela te servirá, por fim, carne e sangue, o remédio supremo nas três monarquias da Terra (OC 18/1).

* * *

A perspectiva ética de Cristine Swanton, inscrita na ética das virtudes, diferenciada da ética kantiana, deontológica, utilitarista, consequencialista, vem-nos cercada de uma visão teleológica, aquela que aponta para a importância da realização humana, a que reconhece o melhoramento da vida como um fim interagindo com a noção de virtude e de bem (Swanton, 2015).

Essa ética das virtudes, em Swanton, é construída a partir de Nietzsche, tendo em vista seu questionamento sobre a validade de um modelo de virtude: e ele o faz de um modo muito intenso em sua expressão: "Orgulho-me de seguir as doutrinas do filósofo Dionísos e preferiria mil vezes mais ser considerado como um sátiro do que como um santo" (Nietzsche, 1959, p. 16). Nietzsche é o filósofo da valoração plena da afirmação da vida – a implicação de si no mundo e do amor *fati* – o envolvimento com o destino e com a realização.

Interessa-nos, aqui, neste estudo, a importância que essa autora confere à psicologia moral de Nietzsche, aquela que busca conhecer os humanos por meio de "suas virtudes e vícios" (Swanton, 2015), apontando para as perspectivas virtuosas da inventividade, da realização, da insistência e da superação, disposições para uma excelência ou, no mínimo, uma forma de se fazer valer suficientemente boa. A psicologia moral leva em conta o ambiente emocional do sujeito relacionando a moralidade a nossas intenções e ações.

Estudando Cristine Swanton, Mabel Krieger chama a atenção para como a autora compreende a noção de virtude como disposições em relação às demandas do mundo. As "virtudes são condições necessárias para que o florescimento humano seja possível [...]" (Krieger, 2017, p. 86). As "relações human(izad)as demandam uma ética que contemple os aspectos emocionais e a psicologia humana [...] como elementos da moralidade em si mesma" (Krieger, 2017, p. 88).

> [A] análise mais aprofundada que Swanton nos oferece demonstra que Nietzsche não ataca a moralidade em si mesma, mas um tipo de moralidade que se sustenta na negação da vida, em oposição às atitudes de afirmação da vida. O altruísmo não virtuoso, para Nietzsche, seria deste tipo de moralidade, ao passo que o egoísmo virtuoso seria uma postura afirmativa da vida (Krieger, 2017, p. 89).

O *egoísmo virtuoso* relaciona-se ao que diz respeito ao si-mesmo, à substancialidade do emprazeiramento, e aquilo que busca uma compreensibilidade do outro sem desprezar-se a si. Nesse contexto nietzschiano, e qualificado por Swanton, a virtude do amor-próprio é ressaltada. Aqui podemos nos referir aos poderes de fala daqueles que fazem cultura tão artesanalmente como é o caso dos foliões de reis. Os grupos de Folias de Reis se propõem a estar, em cada giro de suas Folias, sempre revivendo o que e quem são, de modo a afirmar que receberam os chamados, destinalmente, para a incumbência de levar a Folia. E isso se dá literalmente; via de regra a formação e/ou o mantenimento de um grupo de foliões está associado a um chamado atencioso de amigos e/ou de familiares já alinhados nessa perspectiva; ou mesmo quando, ao ser visitado, se é tocado na intenção de seguir com a Folia. Trata-se de um investimento na perspectiva duradoura, no espírito de ancestralidade. Trata-se de uma prática virtuosa.

Uma virtude, nessas articulações, pode ser vista como uma qualidade da alma (do caráter). Diria respeito a uma intenção na direção de se relacionar com o mundo, com o outro, de forma muito favorável ou, pelo menos, suficiente. A psicologia é aqui evocada para se considerar as perspectivas da expressão/

ação das virtudes, possibilitando descrever seus meandros e *status* no plano da psique. A expressão/ação das virtudes precisa estar relacionada ao ambiente onde se dá, aos saberes que movimentam e ao que transcende o vivido pelos sujeitos envolvidos. E ancorada no desejo, na vontade de potência, na participação da criação de novos devires.

Na análise de Mabel Krieger de um caso clínico em Bioética, baseando-se na ética das virtudes de Swanton, está presente a indicação de uma plena atenção por parte do profissional "às suas próprias emoções, que emergem na relação e na comunicação com seu paciente, impactando sobre a conduta do profissional". Além do contato com as próprias emoções, também diante dos cuidados em saúde mental, a ação ética requer o diálogo, levando em conta que os "problemas morais sempre participam de um contexto social", favorecendo "uma compreensão mútua entre os agentes e concernidos [...] que considere relevante a participação dos envolvidos na tomada de decisão" (Krieger, 2017, p. 92).

Krieger cita Swanton sublinhando importantes aspectos políticos de suas incursões na moralidade: não há virtude, ou altruísmo, quando se está desamoroso ou insensível "às necessidades reais das pessoas, promovem a dependência, humilham, servem subtilmente os interesses de elites nocivas, e assim por diante" (Swanton citado por Krieger, 2015, p. 93). E aprofundando a visão da criadora da ética das pluralidades, Krieger traz o lugar da arte nessa abordagem filosófica, lembrando que Nietzsche "afirmou que só poderia crer num *deus* que soubesse dançar. A vida, para Nietzsche, é a possibilidade da expressão da vontade de potência em ato criativo". O sensível é o fiel da balança da qualidade moral nessa abordagem ética das virtudes (Krieger, 2017, p. 96).

Dentro desse ambiente reflexivo, Krieger, empoderando-se de outras importantes visões, faz-nos entender que a ação de cuidar está intimamente relacionada ao autopoiético.

> [...] por ter a capacidade de representar um encontro que produz vida. Mas talvez este encontro só se realize enquanto autopoiese se todos os brincantes envolvidos neste encontro ousarem exercer a transvaloração dos valores proposta por Nietzsche. É preciso valorar a saúde como um ato criativo de afirmação da vida (Krieger, 2017, p. 96).

Nas vivências míticas da cultura popular brasileira, não costumam aparecer a alegria e o sofrimento como elementos em contraposição. Tudo é quase sempre permeado por uma abertura ao andamento autopoiético da vida. É da ordem do trágico, no Auto do Bumba meu boi, a morte do boi e o desespero de quem precisou matá-lo; falam do sofrimento. Porém, por outro lado, a mesma morte e a ação para ela dizem respeito à busca da vitalidade e à afirmação da coragem. Nas vivências míticas da cultura popular, o potencial para a afirmação da vida parece, quase sempre, presente.

Nas Folias, levando em conta alguns indicadores da ética das virtudes pluralistas de Christine Swanton, podemos apontar o andamento ético dessa manifestação cultural em questão, a partir dos mestres que tendem a garantir a grandeza do caráter em sua condução, sem se tornarem os donos da Folia. E mais: cada integrante tende a uma vivência pessoal e emocionada caminhada ao longo das jornadas; o encontro com os donos da casa visitada será ansiado pela possibilidade de se dar como uma conversa simbólica, dialética, interativa; o evento *folião* poderá criar a perspectiva do ato de cuidar.

Bom não esquecer que os agentes da Folia não estão imunes da exposição de equívocos; todos os momentos costumam ser valorizados por parte dos participantes; estão na coagulação da vontade de potência afirmativa da vida, onde se cria cuidado autopoiético.

Christine Swanton aponta para o cuidado como uma perspectiva de virtude e mais especificamente quando indica como fundamentais para uma abertura mais radical à alteridade as virtudes da empatia, do diálogo e do envolvimento (Swanton, 2003).

"Cuidar ou amar parece envolver capturar, extrair o que já está lá, como a pedra seca da jardinagem japonesa e como é enfatizado na noção de *sorge* na visão Heidegger" (Swanton, 2003, p. 104). Para Heidegger, o cuidado representa o fundamental em relação à presença (Dasein) e à compreensão do ser. Num viés nietzschiano, o cuidar e o amar também podem ser vistos como a prática da criação de algo; segundo Swanton, seria a vontade de potência fazendo valer uma boa ação sobre o outro.

Estaria na afirmação das virtudes das Folias a ritualização da possibilidade da cura das feridas físicas, psicológicas e culturais advindas da invasão e da violação empreendidas pela colonização nas vidas de seus participantes. Nossa história colonialista promoveu aquilo que desterritorializa real e moralmente o indivíduo. E diz Swanton que "zombaria, desdém e insultos são formas de desprezo psicológico. Outras formas de falta de respeito, como a manipulação e a exploração também são formas de incapacidade" de se relacionar (Swanton, 2003, p. 106).

A atenção no contexto da ética das virtudes de Swanton implicaria uma abertura para o mundo, para o outro. Uma abertura que depende da eliminação da falsificação e da retirada do foco narcísico. Essa atenção diria respeito a "uma consciência intensificada", o que permitiria estarmos "colocados silenciosamente na presença [...], [limpando] as nossas mentes, [reduzindo] o ruído" (Swanton, 2003, p. 114).

Swanton, quando agrega visões de Schopenhauer, constrói a visão da compaixão como virtude fundamental.

> A compaixão ilimitada por todos os seres vivos é a garantia mais firme e segura de conduta moral pura e não precisa de casuística. Quem se inspirar nela certamente não prejudicará ninguém, não usurpará os direitos de ninguém; pelo contrário, será indulgente e paciente com todos, perdoará a todos, ajudará a todos tanto quanto puder, e todas as suas ações levarão a marca de justiça, filantropia e bondade amorosa (Swanton, 2003, p. 116).

Com Schopenhauer, Swanton discute o amor universal "como um aspecto dos perfis das virtudes". Para ela, é necessário entrever a ligação desse amor para "com o respeito para si e para os outros como indivíduos". Seria preciso, nesse sentido, "quebrar as barreiras entre o eu e o outro e louvar aqueles capazes de maior amor", da "mais alta bondade", da "magnanimidade que sacrifica o próprio bem-estar em prol do bem-estar de muitos outros". Em pessoas que atuam na virtuosidade da compaixão, é sinal que "o *principium individuationis* ruiu e o destino dos outros é tratado exatamente como o próprio". Tal amor carece de se tornar compatível "com o respeito a si mesmo" e de poder se colocar diante do outro como "indivíduos separados"; carece de se evitar "que o eu seja engolido pelo autossacrifício" e "que o outro seja engolido pela compaixão invasiva" (Swanton, 2003, p. 116-117).

"A antipatia e a repugnância podem ser sentidas, não há dúvida, porém, no trabalho do amor universal, essas emoções também devem ser trabalhadas e substituídas por algo mais benigno" (Swanton, 2003, p. 118-119).

A visão de que os indivíduos teriam igual valor é fundamental para a imparcialidade do amor universal. O amor seria, assim, uma expressão viva dessa igualdade. No sentido universal, amaríamos os seres humanos quando descobríssemos ou encontrássemos neles "o igual valor". Seria uma criação de valor. "Tal ideia de amor é análoga à visão teológica do ágape divino, a que cria o valor inerente dos seres humanos" (Swanton, 2003, p. 120).

Concluindo

Neste fechamento, apresentamos alguns aspectos fundamentais da costura feita entre cultura, ética e Folias ao longo deste texto. No arremate, aproveitamos para apurar um pouco mais as conexões desses temas, ampliando as considerações trazidas aqui até então e acrescentando ainda algumas outras referências de visões éticas e culturais, fazendo-as conversar um pouco mais com os estudos da vivência mítica das Folias de Reis.

* * *

Os mestres das Folias tendem a garantir a grandeza do caráter em sua condução, sem se tornarem donos

Não se tornar dono no ritual das Folias de Reis evoca a virtuosidade do silêncio.

O corpo-imagem em interação com outros corpos atua com uma duração e consiste em matéria de corporificação contínua. Quem somos e o que parecemos ser são corporificados a cada momento. Esse processo pode ser afirmado na direção da transformação, em que os esforços e as intenções dão luz a um novo modo de ser no futuro. Para Tarthang Tulku, a prática da meditação tibetana abraça o processo de corporificação, preocupa-se com "o significado e o valor do corpo humano"; e se "for praticada com devida compreensão, pode colocar-nos em contato com as energias puras de nossas situações" (Tulku, 1995, p. 19).

Pensando a prática da Folia como uma prática meditativa, no sentido de recolhimento à experiência ritual presente, observa-se, assim como a prática meditativa tibetana, que se trata de uma prática que também abraça ativamente a corporificação, o sentimento corporal que anseia por encontrar-se com os valores humanos, a disponibilização das sensibilidades. Nos ambientes mítico-sonoros das Folias, em função de sua meditatividade, estaria implicada a construção da liberdade dos movimentos da consciência; da experiência de bem-aventurança e do vazio, do silêncio; da clareza. Os sentimentos desagradáveis, por meio dessa vivência, poderão ser acolhidos, tomados como sensações de "um vasto reino", "presentificando-os como uma abertura, uma eternidade, um acontecimento" (Tilku, 1995, p. 26).

Numa prática que inclui a corporificação meditativa, como a das Folias, aprecia-se e busca-se transcender a cognição, capturando "objetos, sentimentos, imagens e outras ocorrências mentais" (Janos, 1995, p. 106). Na corporificação meditativa, o silêncio pode formar a vivência da plena atenção.

> [No silêncio] há uma sensação de que tudo está contido, ou incluído. Há uma qualidade além e dentro dos pensamentos, dos sons, das visões e dos movimentos [...], a "qualidade que está detrás" também está lá, às vezes mais inerte, mais densa, mais espessa e inevitável, outras vezes mais aberta (Janos, 1995, p. 111, acréscimo nosso).

Na corporificação meditativa, permeia o pensar criativo, aquele que se forma no atravessamento do sentir e do intuir.

De dentro dessa vivência do silêncio, pode um "observador qualificado" buscar clareza sobre si e sobre o coletivo, a ponto de poder dizer-se: eu não sou dono da Folia, ninguém é dono da Folia. Claro que é possível, ao contrário, inebriar-se com os lugares de mestre da Folia. Estaria cursando o ambiente das autoimagens relacionadas às funções egoicas da consciência, as imagens que não levam em conta, por excelência, quem mais profundamente se é. Descaracterizadas assim do si-mesmo, precisam de uma nova atenção (Janos, 1995, p. 113).

Associamos aqui a noção de autoimagem à noção de sombra na psicologia analítica, ou seja, a autoimagem seria um desenho psíquico daquilo que não está disponível a se ver ou a se expressar: aqui seria o não querer ver que realmente ninguém é dono da Folia. Mas torna-se possível confrontar a autoimagem de dono da Folia: em primeira mão, assumindo o complexo afetivo de dono da Folia, de modo a poder atentar para a perspectiva da transvaloração. Caminho árduo esse, com certeza; não costuma ser possível sem aquele esforço autocrítico heroico que se convoca a ir até o fim; não se dá sem o esgarçamento de estados psíquicos, tampouco sem dores. Mas convém e tentam mesmo muitas vezes os mestres de Folia, os foliões e até mesmo os *donos das casas* visitadas. Essa renovação presentificada, Tulku descreve como uma "redução da distância existente entre a função consciente e a observada" (Tulku, 1974, p. 40).

Um *senso* de si-mesmo pode estar sendo assim formado!

* * *

Cada integrante da Folia vivencia uma pessoal e emocional caminhada

A ética das virtudes, de Swanton, ocupa-se dos sentimentos. E, por quem quer que esteja vivenciando os sentimentos, haverá sempre um outro que também sente e se ressente. No plano do que se sente ao praticar Folia está a afirmação de uma crença nos *Santos Reis*. A prática desse ritual impõe que se façam escolhas de atitudes no trato fino de uma religiosidade sem dono. Ao se realizar os giros, evoca-se o senso de legitimidade da manifestação da Folia.

Usaremos aqui uma interpretação da letra da canção *Todo sentimento* (1987), de Chico Buarque e Cristovão Bastos, propondo soar essa poesia em torno dessa grande metáfora: o que o poeta procura, por fim, é a vivência dos próprios sentimentos. Identificamos em nós mesmos esse estado de poesia, e suspeitamos que em todos os demais, quando estamos foliões.

> Pretendo descobrir.
> No último momento.
> Um tempo que refaz o que desfez.
> Que recolhe todo o sentimento.
> E bota no corpo uma outra vez.
> (Buarque de Holanda & Bastos, 1987).

Em nossa experiência da vivência mítica da Cantoria de Reis do Céu na Terra, em todos os movimentos no ritual *folião* pode se evocar emoções e sentimentos. Há emoção de empoderamento ao vestir as roupas preparadas para o ritual. Há sentimento aventureiro em relação a como se passarão as visitas às casas. Há emoção de uma permanente novidade a cada chegada numa nova casa. Há o sentimento de deferência ao praticar as músicas do ritual de *Reis* nos momentos sagrados. Há emoção de alegria nos momentos festivos. Há sentimento de despedida e de esperança: que no novo ano possamos retornar aos *magos*.

* * *

O encontro com os donos da casa visitada será guiado por uma conversa simbólica, dialética, interativa

Se ousamos compreender as Folias de Reis como um ritual que promove uma intensa ligação de cada um, e da coletividade participante, com seu processo de individuação, indicamos que essa prática representa um chamado à *cura* dos humanos distanciamentos cotidianos à realização da vida. No ritual das Folias, o encontro entre os *foliões* e os *visitados-da-folia* presentifica um compromisso ético de se estar realizando uma experiência em prol das necessidades simbólicas da saúde da psique. Essa presentificação seria um desafio à criação psíquica interna e relacional da ordem do sentimento do si-mesmo, do sentimento do nós-mesmos. Haverá, assim, um chamado para uma conversa, em cada encontro, entre a autenticidade e aquilo que nos chega constantemente que é da ordem da mera adequação ao mundo.

* * *

O evento criará a perspectiva do ato de cuidar

A palavra *cuidado*, em Leonardo Boff, está ligada a um envolvimento afetivo com o outro. Trata-se de um valor fundamental.

> O cuidado se encontra na raiz primeira do ser humano, antes que ele faça qualquer coisa. E, se fizer, ela sempre vem acompanhada de cuidado e imbuída de cuidado. Significa reconhecer o cuidado como um modo-de-ser essencial, sempre presente e irredutível à outra realidade anterior. É uma dimensão frontal, originária, ontológica, impossível de ser totalmente desvirtuada (Boff, 2014, p. 38).

O cuidar apresenta-se como respeito pelo que há de interação, de comunhão, de convivência amorosa. O cuidar relaciona-se com o sentimento humano. O cuidar está relacionado, segundo Boff:

> à dimensão do feminino, da *anima*; à dimensão respeitosa e amorosa de se ouvir e de se falar com o outro; à dimensão das necessidades, das vivências das exclusões e dos descompassos entre corpo, psique e transcendências (Boff, 2013).

Os grupos de Folia de Reis, em sua prática, como exemplos do modo de se cuidar, abrem caminho para a prática virtuosa da substância da solidariedade coletiva. Nas Folias, ao se propor aceitar doações com a intenção de distribuí-las a quem precisa, orienta-se, assim, então, na perspectiva da compaixão, na direção do valor da crença de que todos somos semelhantes e podemos nos relacionar a partir da "atitude de sofrer com o padecimento do outro e de participar de suas lutas de libertação" (Boff, 2009, p. 96-97). A prática das Folias tende a convocar o estado de não julgamento, o desmonte de preconceitos, ao estado de devoção, à desmobilização da agressividade, à diminuição das assimetrias sociais.

> A compaixão talvez seja, entre as virtudes humanas, a mais humana de todas, porque não só nos abre ao outro, como expressão de amor dolorido, mas ao outro mais vitimado e mortificado. Pouco importam a ideologia, a religião, o *status* social e cultural das pessoas. A compaixão anula estas diferenças e faz estender as mãos às vítimas. Ficarmos cinicamente indiferentes, mostra suprema desumanidade que nos transforma em inimigos de nossa própria humanidade. Diante da desgraça do outro não há como não sermos os samaritanos compassivos da parábola bíblica (Boff, 2011, p. 1).

Na compassiva atuação do ritual das Folias, há sempre uma deferência ao presépio/altar de cada casa visitada, tenha nele símbolos de que religião for, das orientais às africanas. O que estaria no centro dessas experiências seria "a dignidade e a autoridade dos que sofrem, provocando em nós a compaixão ativa". Na compaixão, vai-se ao outro "para salvar-lhe a vida, trazer-lhe água, alimentos, agasalho e especialmente o calor humano" (Boff, 2011, p. 1).

* * *

Bom não esquecer que os agentes da Folia não estão imunes à exposição de equívocos

Acertar ou afinar os instrumentos, conforme a observação das folias de Wagner Chaves, significa buscar um equilíbrio possível na qualidade da comunicação e interação entre as pessoas, representando um desafio à virtuosidade.

> Em um plano geral e comparativo, meu interesse ao pensar a afinação em sua incessante (e nem sempre bem-sucedida)

> busca por sintonizar, enquadrar e ajustar as diferenças, aproximando pessoas, coisas, temporalidades, sensorialidades e forças, é oferecer elementos para que possamos avaliar as potencialidades e os limites do diálogo – assunto que parece especialmente relevante nesse momento de tantas incertezas e provações em que se percebe, por um lado, a ausência de escuta e disponibilidade para o diferente e, por outro, a proliferação e amplificação de vozes e discursos autoritários, extremistas e negacionistas. Nesse cenário, será que ao observar e, principalmente, ouvir os *foliões*, que tanto prezam e buscam na afinação um ideal para a convivência entre as pessoas, as coisas e o cosmos, não teremos algo a aprender? (Chaves, 2021, p. 5).

E há mais. No próprio ritual, no Auto dos Reis, outro aspecto importante aparece nos estudos de Chaves nos instigando a considerar a presença dos acontecimentos que contrastam com as virtudes geralmente em andamento e que geram riscos de desafinos.

> Trata-se das criações das folias de reis no que se refere ao mitologema do encontro dos reis com Herodes. Por ser associado ao aspecto negativo do mito, diferente daquele outro aspecto que exalta as figuras do menino Deus, seu pai José e sua mãe Maria, Herodes tende a ser evitado nas folias. Mas, mesmo assim, aparece através da prática de um silêncio cuidadoso durante os percursos entre as casas visitadas. E aparece também numa referência dada por algumas folias aos palhaços que vêm acompanhando os foliões [...]. Podemos aqui nos referir ao temor da perda da criança divina, afinal, na narrativa bíblica Herodes pediu aos reis que quando voltassem passassem por ele e lhe informassem sobre a localização do menino; tencionava exterminá-lo (Oliveira, 2017, p. 33).

Pode-se, assim, desafinar!

*Estão na coagulação da vontade de potência
afirmativa da vida, onde se cria
cuidado autopoiético*

Se nos basearmos em Nietzsche, podemos trazer dele a visão da noção de inteireza que a prática do ritual da Folia requer. Swanton recolhe, como princípio da ética de Nietzsche, sua recomendação para a ativação da vontade de potência, aquela que forma virtudes afirmadoras da vida e arremessa o homem às múltiplas possibilidades. Isso pode se dar desde as ações para as sustentabilidades necessárias da vida até as realizações de manifestações da cultura-religiosa. Estão assim configuradas as possibilidades da prática da autenticidade e da singularidade criativa como virtuosidades.

Nas Folias, todos os envolvidos costumam ser convidados à devoção, a uma ligação intensa com o ritual e geralmente essa devoção se expressa inicialmente por promessas muitíssimos comprometidas aos *Santos Reis*. "Mas o pagamento", segundo Luiz Souza, pode ser no compromisso de frequentar a Folia por um "período de sete anos". Contudo, esses compromissos costumam se estender "por toda uma vida" e se estender no convite a amigos e familiares para a participação. Esses envolvimentos parecem implicar algo "para além do sistema de pagamentos de promessas". Esses envolvimentos ampliam a perspectiva de um autêntico abraço à experiência ritual, pressupondo "um processo de identificação dos devotos com os santos" (Souza, 2020, p. 11).

* * *

Evocamos aqui, por fim, e uma vez mais, o Antropólogo Carlos Brandão, que "ao conviver com os mais diferentes atores-autores de arte e cultura entre negros e camponeses", estudando as Folias no Brasil, gostava de senti-los antes de compreendê-los (Brandão, 1982, p. 33).

Num de seus escritos, Brandão oferece-nos seus vários poemas dedicados aos *mestres de Folia*, ao que eles criam, ao que eles impactam na convivência, aos "seus gestos de prece, canto, viagem ritual ou festa". Ele, que vai a campo como o doutor que os estuda, acaba colocando os mestres em seu devido lugar: o de mestre. Mais do que nos ensinar sobre Folia, Brandão, quando fala sobre ela, convoca-nos a nos tornarmos imediatamente discípulos, como ele, lembrando-nos deferentemente uma fala dita para ele, por um negro de uma Folia que pesquisava: "Eh, professor! Quem sabe dança! Quem não sabe, estuda!" (Brandão, 1982, p. 34).

Desse escrito de Carlos Brandão, trazemos então aqui, na oportunidade desta conclusão, um desses poemas que fez em homenagem a Dito, um velho mestre da Folia do Divino, em Cunha, Alto Paraíba.

Dito

Não que dissesse
(mestre de congos)
palavra alguma
que se escrevesse.
Sério e sereno
folião de Reis
entre os janeiros
de seus outonos
cantava aos santos
como em novena.
Homem de Cunha
ponteava o pinho
como se em reza
de antigamente.
Como num verso

de ladainha
meio latim
meio caipira.
Cantava quadras
para o Divino.
Foliava ditos
como benditos
de romarias
a Aparecida.
Falava missas
de antigo acento,
dessas lonjuras
desses sertões:
Paraitinga/Paraibuna.
Vinha de longe,
(do outro lado).
Chegava quieto.
Como se ontem.
Cantava lento
com a voz em quinta
quadras de enredo
com que se amasse
um deus menino.
Como se tudo
fosse em presépios
cantava preces
em que se cresse,
como se o hoje
fosse um milagre.
Como se sempre
fosse um dezembro
(Brandão, 1982, p. 35-36).

* * *

"A Retirada"

E para fechar, trazemos aqui a letra de uma canção muito tocada nos rituais da Cantoria de Reis do Núcleo de Cultura Popular Céu na Terra: *A retirada* (despedida da Bandeira). Uma música recolhida das folias mineiras, tocada na saída dos foliões de uma casa; momento tido como um dos mais profundamente reverentes!

> A retirada a retirada ê meus camaradas ê vê se não repara,
> êi nós, despede da bandeira, ai, ai,
> êi nós, despede da bandeira, ai, ai,
> êi nós, já vamos viajar, ai, ai,
> êi nós, já vamos viajar, ai, ai.
>
> A retirada, a retirada êh, meus camaradas,
> a retirada já vai embora, já vai embora,
> êh, meus camaradas, vê se não repara.
>
> Adeus, adeus, não chore não,
> para o ano eu voltarei,
> *pra* cumpri nova missão[7].

---

7. *Retirada*. Música recolhida nos grupos de folias pelos fundadores da Cantoria de Reis do Núcleo de Cultura Popular Céu na Terra.

Referências

Araujo, F.C. (2022). Da cultura ao inconsciente cultural: psicologia e diversidade étnica no Brasil contemporâneo. *Psicologia, Ciência e Profissão, 22*(4), 24-33.

Barreto, M.H. (2009). A dimensão ética da psicologia analítica: individuação como "realização moral". *Psicologia Clínica, 21*(1), 91-105.

Benjamin, W. (2012). *Magia e técnica, arte e política*. Brasiliense.

Bíblia Sagrada (6a ed.). (2007). Vozes.

Bíblia Apócrifa. (2025). Vozes.

Boechat, W. (2000). *Cuidado, atenção e escuta em psicoterapia – Novas abordagens possíveis e a totalidade corpo-mente* [Trabalho apresentado]. IX Simpósio da linha Racionalidades Médicas, Instituto de Medicina Social, Universidade do Estado do Rio de Janeiro.

Boechat, W. (2004). *O corpo psicoide: a crise de paradigma e a relação corpo-mente* [Tese de Doutorado em Saúde Coletiva]. Instituto de Medicina Social. Universidade do Estado do Rio de Janeiro.

Boechat, W. (2014). A visão junguiana dos mitos. In H. Oliveira (Org.), *Mitos, folias e vivências*. Bapera & Mauad.

Boff, L. (2009). *Ethos mundial: um consenso mínimo entre os seres humanos*. Record.

Boff, L. (2011). Compaixão: a mais humana das virtudes. *Leonardo Boff*. leonardoboff.org

Boff, L. (2013). *O cuidado necessário: na vida, na saúde, na educação, na ecologia, na ética e na espiritualidade* (2a ed.). Vozes.

Boff, L. (2014). *Saber cuidar: ética do humano – compaixão pela terra* (20a ed.). Vozes.

Boff, L. (2016). Quatro sombras afligem a realidade brasileira. *Leonardo Boff*. leonardoboff.org

Bonaventure, L. (1982). Prefácio à edição brasileira. In A. Jaffé (Ed.), *C.G. Jung: Memórias, sonhos, reflexões*. Nova Fronteira.

Borba Filho, H. (1966). *Espetáculos populares do Nordeste*. São Paulo Editora [Coleção Buriti n. 10].

Brandão, C.R. (1977). *A Folia de Reis de Mossâmedes*. CDFB; Funarte. [Cadernos de Folclore, 20 - Campanha de Defesa do Folclore Brasileiro].

Brandão, C.R. (1981). *Sacerdotes de viola: rituais religiosos do catolicismo popular em São Paulo e Minas Gerais*. Vozes.

Brandão, C.R. (1982). *Diário de campo – a antropologia como alegoria*. Editora Brasiliense.

Brandão, C.R. (2012). Como todo ano Carlos Rodrigues Brandão nos escreve: hoje é a carta 2011. *educomambiental*. https://educomambiental.blogspot.com/2012/01/como-todo-ano-carlos-rodrigues-brandao.html

Brandão, J. de S. (2002). *Mitologia grega* (vol. 1). Vozes.

Buarque de Holanda, C., & Bastos, C. (1987). Todo sentimento [Música]. Em *Francisco*.

Chaves, W. (2014). A origem da folia de reis na tradição oral: variações de um mito. In H. Oliveira (Org.), *Mitos, folias e vivências*. Bapera & Mauad.

Chaves, W. (2021). Em busca do limiar sonoro: gestos, sons e riscos na afinação das folias. *Revista de Antropologia, 64*(2), e186654.

Companhia Arteira. (2021). Companhia Arteira Convida - Ciclo Natalino - Cantoria de Reis do Céu na Terra [Vídeo]. YouTube. https://www.youtube.com/watch?v=4YHpzxKdzF4

Costa, J.F. (2004). *O vestígio e a aura: corpo e consumismo na moral do espetáculo*. Garamond.

Fernandes, I. (2014). O curupira e os mitos de inversão. In H. Oliveira (Org.), *Mitos, folias e vivências*. Bapera & Mauad.

Gil, G. (1992). *De onde vem o baião* [Música]. Em *Parabolicamará*.

Henderson, J. (1990). The cultural unconscious. In *Shadow and Self*. Chiron Publications.

Instituto do Patrimônio Histórico Nacional. (2024). Bandas de Pífano, Reisados e Folias de Reis mais próximos de se tornarem Patrimônio. *Gov.br*. https://www.gov.br/iphan/pt-br/assuntos/noticias/iphan-divulga-resultado-definitivo-de-selecoes-para-processo-de-registro-das-bandas-de-pifano-e-dos-reisados-e-folias-de-reis

Jaffé, A. (1982). *C.G. Jung. Memórias, sonhos, reflexões*. Nova Fronteira.

Jung, C.G. (2011). *A prática da psicoterapia* (Obra Completa, vol. 16/1, 13a ed.). Vozes.

Jung, C.G. (2011). *Aion. Estudo sobre o simbolismo do si-mesmo* (Obra Completa, vol. 9/2, 8a ed.). Vozes.

Jung, C.G. (2011). *O desenvolvimento da personalidade* (Obra Completa, vol. 17, 11a ed.). Vozes.

Jung, C.G. (aqui e nos demais) (2011). *O eu e o inconsciente* (Obra Completa, vol. 7/2, 22a ed.). Vozes.

Jung, C.G. (2012). *A natureza da psique* (Obra Completa, vol. 8/2, 9a ed.). Vozes.

Jung, C.G. (2013). *A vida simbólica* (Obra Completa, vol. 18/1, 7a ed.). Vozes.

Jung, C.G. (2014). *Os arquétipos e o inconsciente coletivo* (Obra Completa, vol. 9/1, 11a ed.). Vozes.

Jung, C.G. (2018). *Símbolos da transformação* (Obra Completa, vol. 5). Vozes.

Keleman, S. (2001). *O mito e o corpo*. Summus.

Kluger, R. S. (2017). A pré-história da psicanálise I: os sumérios e a epopeia de Gilgamesh. *Acerto de Contas*. http://acertodecontas.blog.br/artigos

Krieger, M.V. (2017). Comunicação de más notícias em saúde: contribuições à discussão bioética através de uma nova ética das virtudes. [Dissertação de Mestrado]. Programa de Pós-Graduação de Bioética, Ética Aplicada e Saúde Coletiva, Fundação Oswaldo Cruz.

Lages, S.R.C. (2012). Exu - o *puer aeternus*. *Rubedo*. www.rubedo.psc.br

Lobato, M. (2008). *O saci-pererê: resultado de um inquérito*. Globo.

Manhães, J. (2014). A performance do cazumba: entre o sagrado e o grotesco. In H. Oliveira (Org.), *Mitos, folias e vivências*. Bapera & Mauad.

Martins, J.R., & Bairrão, J. F. M. H. (2009). A criança celestial: perambulações entre Aruanda e o inconsciente coletivo. *Fractal: Revista de Psicologia*, *21*(3), 487-505.

Maturana, H., & Varela, F. (1995). *A árvore do conhecimento: as bases biológicas do entendimento humano*. Editorial Psy II.

Mello Neto, J.C. (2010). *Morte e Vida Severina*. Alfaguara.

Neder, A.B. (2013). Folia de reis em Minas Gerais: entre símbolos católicos e ambiguidades africanas. *Revista Ciências Sociais e Religião*, *15*(18), 33-55.

Nietzsche, F. (1959). *Ecce Homo*. Brasil Editora.

Oliveira, H. (2008). *Corpo expressivo e construção de sentidos*. Bapera & Mauad X.

Oliveira, H. (2014). Vivência mítica e ação de irmanar. In H. Oliveira (Org.), *Mitos, folias e vivências*. Bapera & Mauad X.

Oliveira, H. (2018a). Alma brasileira: revisitando nossas raízes culturais. In H. Oliveira. (Org.), *Desvelando a alma brasileira*. Vozes.

Oliveira, H. (2018b). Complexo cultural, consciência e alma brasileira. *Cadernos Junguianos, 14*, 114-125.

Oliveira, H. (2021). Nise da Silveira e Leonardo Boff: o encontro do Brasil com Jung. In H. Oliveira (Org.), *O insaciável espírito da época: ensaios de psicologia analítica e política*. Vozes.

Passos, I. de J.R. (2007). *A transição da cultura popular para a cultura de massa no Maranhão: aspectos do Bumba-Meu-Boi Pirilampo*. Quatro Passos.

Rocha, G. (2016). O verbo e o gesto: corporeidade e performance nas folias de reis. *Revista Etnográfica do Centro em Rede de Investigação em Antropologia, 20*(3), 539-564.

Sheldrake, R. (1987). *A new science of life - The hyphothesis of formative causation*. Jeremy P. Tarcher.

Silva, A.G. (2021). O insaciável espírito da época: ensaios de psicologia analítica e política – uma resenha. *Self - Instituto Junguiano de São Paulo, 8*, e007.

Silva, C.E., & Serbena, C. A. (2021). A teoria dos complexos culturais: uma perspectiva junguiana do social. *Estudos Interdisciplinares em Psicologia, 12*(1), 158-182.

Simas, L.A. (2022). *Santos de casa: fé, crenças e festas de cada dia*. Bazar do Tempo.

Singer, T., & Kaplinsky, C. (2010). Cultural complexes in analysis. In M. Stein (Ed.), *Jungian psychoanalysis: Working in the spirit of C.G. Jung*. Open Court Publishing Company.

Souza, L.G.M. (2020). Devoção e resistência: as táticas dos anfitriões da Folia de Reis na região metropolitana do Estado do Rio de Janeiro. *Revista de Antropologia da Universidade de São Paulo, 63*(3), e178857.

Stern, D. (1992). *O mundo interpessoal do bebê*. Artes Médicas.

Swanton, C. (2003). *Virtue ethics: A pluralistic view*. Oxford.

Swanton, C. (2015). *The virtue ethics of Hume and Nietzsche*. Wiley Blackwell.

Tolkien, J.R.R. (2022). *O senhor dos anéis. A sociedade do anel*. Harper Collins.

Vieira, M. (2009). O saci na tradição local no contexto da mundialização e da diversidade cultural [Tese de Doutorado]. Universidade de São Paulo.

REFLEXÕES JUNGUIANAS

Assessoria: Dr. Walter Boechat

Veja todos os livros da coleção em

livrariavozes.com.br/colecoes/reflexoes-junguianas

ou pelo Qr Code

Conecte-se conosco:

- **f** facebook.com/editoravozes
- **◯** @editoravozes
- **X** @editora_vozes
- **▶** youtube.com/editoravozes
- **◯** +55 24 2233-9033

www.vozes.com.br

Conheça nossas lojas:

www.livrariavozes.com.br

Belo Horizonte – Brasília – Campinas – Cuiabá – Curitiba
Fortaleza – Juiz de Fora – Petrópolis – Recife – São Paulo

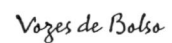

EDITORA VOZES — VOZES NOBILIS — Vozes de Bolso — Vozes Acadêmica

EDITORA VOZES LTDA.
Rua Frei Luís, 100 – Centro – Cep 25689-900 – Petrópolis, RJ
Tel.: (24) 2233-9000 – E-mail: vendas@vozes.com.br